A PAZ INTERIOR

JACQUES PHILIPPE

A PAZ INTERIOR

3ª edição

Tradução
Emérico da Gama

São Paulo
2022

Título original
Recherche la paix et poursuis-la

Copyright © 2006 Éditions des Béatitudes S.O.C.,
França, 1991

Capa
Gabriela Haeitmann

Dados Internacionais de Catalogação na Publicação (CIP)

Philippe, Jacques
　A paz interior / Jacques Philippe; tradução de Emérico da Gama – 3ª ed. – São Paulo : Quadrante, 2022.

　Título original: *Recherche la paix et poursuis-la*
　ISBN: 978-85-54991-77-7

　1. Conduta de vida 2. Espiritualidade 3. Meditação 4. Paz - Aspectos religiosos 5. Vida cristã I. Título

CDD-248.4

Índice para catálogo sistemático:
1. Paz : Meditação : Vida cristã : Cristianismo 248.4

Todos os direitos reservados a
QUADRANTE EDITORA
Rua Bernardo da Veiga, 47 - Tel.: 3873-2270
CEP 01252-020 - São Paulo - SP
www.quadrante.com.br / atendimento@quadrante.com.br

Sumário

Apresentação 9
A paz interior, caminho de santidade 11
   Sem Mim, nada podeis fazer 11
   Paz interior e fecundidade apostólica 15
   Paz e combate espiritual 17
   Ao longo da luta, é a própria paz que costuma estar em jogo 19
   As razões pelas quais perdemos a paz são sempre más razões 21
   A boa vontade, condição necessária para a paz 24
   A boa vontade, condição suficiente para a paz 26
Como reagir perante o que nos faz perder a paz 29
   As preocupações da vida e o medo de fracassar 29
   A dificuldade de crer na Providência 34
   O medo do sofrimento 36
   Para crescer na confiança, uma oração de filhos 39
   Ou nos abandonamos por completo ou não nos abandonamos de forma alguma... 42
   Deus pede tudo, mas não toma tudo necessariamente 44
   Que fazer quando não conseguimos abandonar-nos? 45

O Senhor é meu pastor, nada me faltará	46
Atitude que devemos adotar ante o sofrimento dos que nos rodeiam	51
Cristo está em todo aquele que sofre	55
Os defeitos e as deficiências dos outros	56
Paciência com o próximo	60
Paciência com as nossas próprias faltas e imperfeições	61
Deus pode tirar o bem até das nossas faltas	65
Que fazer depois que pecamos?	68
A inquietação que nos invade quando temos de tomar decisões	72
O caminho real do amor	80
Alguns conselhos a modo de conclusão	82
O que nos dizem os santos	85
JUAN DE BONILLA	85
A paz, caminho para a perfeição	85
Ter a alma livre e desprendida	86
SÃO FRANCISCO DE SALES	87
Deus é o Deus da paz	87
Como conseguir a paz	88
Paz e humildade	89
Tudo coopera para o bem dos que amam a Deus	90
Confiança na Divina Providência	91
Evitar a precipitação	92
Paz perante os nossos defeitos	92
Suavidade e paz no zelo pelos outros	93
Por último, aceitar sem inquietação que nem sempre se consiga manter a paz	93
SANTA TERESA DE JESUS	95
Verdadeira e falsa humildade	95
MARIA DA ENCARNAÇÃO	97
Abandono na vontade de Deus	97
FRANÇOIS-MARIE LIBERMANN	99
A paz, reinado de Jesus Cristo na alma	99
A paz, condição da docilidade ao Espírito Santo	100
Confiança em Deus	101
Não deixeis que as vossas misérias vos aflijam	101

Não vos preocupeis por uma aparente tibieza	102
Não vos inquieteis pelas vossas quedas	102
Paciência	103
Deixar agir o Espírito de Deus	103
Moderar os desejos	104
Viver o momento presente	106
A nossa incapacidade não deve ser motivo de tristeza ou inquietação, mas de paz e alegria	107
SÃO PIO DE PIETRELCINA	109
SÃO JOSEMARIA ESCRIVÁ	111
Só Cristo pode dar a paz	111
Fontes da paz: abandono e aceitação rendida da Vontade de Deus	112
A luta interior, condição para a paz	114
Humildade, outra fonte da paz	115
Obstáculos	116
Meios	118
Semear a paz ao nosso redor	122

Apresentação

Que a paz de Cristo reine em vossos corações.

(Col 3, 15)

A experiência vos demonstrará que a paz, que infundirá em vós a caridade, o amor a Deus e ao próximo, é o caminho seguro para a vida eterna.

Juan de Bonilla, s. XVI

A nossa época é uma época de agitação e intranquilidade. Esta tendência, evidente na vida quotidiana dos nossos contemporâneos, manifesta-se também com grande frequência no próprio âmbito da vida cristã e espiritual: a nossa busca de Deus, da santidade e do serviço ao próximo, costuma ser também agitada e angustiada, ao invés de confiada e serena, como seria se vivêssemos a atitude das crianças que o Evangelho nos pede.

Portanto, é fundamental chegarmos a compreender um dia que o itinerário rumo a Deus e à perfeição é muito mais eficaz, mais curto e também muito mais fácil quando o homem aprende pouco a pouco a conservar em qualquer circunstância uma profunda paz no seu coração.

Isto é o que pretendemos fazer compreender através das considerações da primeira parte destas páginas. Depois, passaremos em revista um conjunto de situações em que com frequência nos vemos envolvidos, e procuraremos explicar o modo de enfrentá-las à luz do Evangelho, a fim de conservarmos a paz interior.

Na tradição da Igreja, esta doutrina foi abordada muitas vezes pelos autores espirituais. A terceira parte consta de alguns textos selecionados de autores de diferentes épocas que recuperam e ilustram os diversos temas a que aludimos.

A paz interior, caminho de santidade

Sem Mim, nada podeis fazer

Para compreendermos a importância fundamental que tem, no desenvolvimento da vida cristã, o vivo desejo de adquirir e conservar o mais possível a paz do coração, temos em primeiro lugar de estar plenamente convencidos de que todo o bem que possamos fazer procede de Deus e só dEle. *Sem mim, nada podeis fazer*, disse Cristo (Jo 15, 5). Não disse: não podeis fazer grande coisa, mas *nada podeis fazer*.

É essencial que estejamos bem persuadidos desta verdade, e, para que se imponha em nós não só intelectualmente, mas como uma experiência de todo o ser, teremos de passar por frequentes fracassos, provas e humilhações permitidas por Deus. Ele poderia poupar-nos todas essas provas, mas são necessárias para que nos convençamos da nossa radical incapacidade de fazer o bem por nós mesmos. Segundo o testemunho de todos os santos, é-nos indispensável adquirir esta convicção. Com efeito, é o prelúdio imprescindível para as grandes coisas que o Senhor fará em nós pelo poder da sua graça. Por isso, dizia Santa Teresa de Lisieux que a maior coisa que o Senhor tinha feito na sua alma era «ter-lhe mostrado a sua pequenez e a sua inépcia».

Se tomarmos a sério as palavras do Evangelho de São João acima citadas, compreenderemos que o problema fundamental da nossa vida espiritual chega a ser este: Como deixar Jesus agir em mim? Como permitir que a graça de Deus opere livremente na minha vida?

É para esse ponto que devemos orientar-nos, não principalmente para uma série de obrigações – por melhores que nos pareçam – que assumamos com a ajuda da nossa inteligência, de acordo com os nossos projetos, com as nossas aptidões, etc. Devemos sobretudo procurar descobrir as atitudes profundas do nosso coração, as condições espirituais que permitam a Deus agir em nós. Só assim poderemos dar fruto, *um fruto que permanece* (cf. Jo 15, 16).

A pergunta: «Que devemos fazer para que a graça de Deus atue livremente na nossa vida?» não tem uma resposta unívoca, uma receita geral. Para responder a ela de um modo completo, seria necessário todo um tratado de vida cristã que falasse da oração (especialmente dela, tão fundamental neste sentido), dos sacramentos, da purificação do coração, da docilidade ao Espírito Santo, e de todos os meios pelos quais a graça divina pode penetrar mais profundamente em nossos corações.

Não pretendemos abordar nestas poucas páginas todos esses temas. Só queremos referir-nos a um aspecto da resposta à pergunta anterior. Escolhemo-lo porque é de uma importância absolutamente fundamental e, além disso, porque, na vida concreta da maioria dos cristãos, mesmo nos que são muito generosos em viver a sua fé, é muito pouco conhecido e tomado em consideração.

A verdade essencial que desejaríamos apresentar é esta: para permitir que a graça de Deus atue em nós e – com a cooperação da nossa vontade, da nossa inteligência e das nossas aptidões, evidentemente – produza todas essas *boas ações, que Deus de antemão preparou para que nós as praticássemos* (Ef 2, 10), é da maior relevância que nos esforcemos por adquirir e conservar a paz interior, a paz do nosso coração.

Para compreender isto, podemos servir-nos de uma imagem (um pouco forçada, como todas as comparações) que poderá esclarecê-lo. Consideremos a superfície de um lago sobre a qual brilha o sol. Se a superfície desse lago for serena e tranquila, o sol refletir-se-á quase perfeitamente nas suas águas, e tanto mais perfeitamente quanto mais tranquilas forem. Se, pelo contrário, a superfície do lago estiver agitada, varrida por ondas, a imagem do sol não poderá refletir-se nela.

Algo de parecido acontece com a nossa alma no que se refere a Deus: quanto mais serena e tranquila estiver, mais Deus se refletirá nela, mais se imprimirá em nós a sua imagem, maior será a ação da sua graça em nós. Se, pelo contrário, a nossa alma estiver agitada e inquieta, a graça de Deus agirá com maior dificuldade. Todo o bem que podemos fazer é um reflexo do Bem essencial que é Deus. Quanto mais serena, equânime e abandonada no Senhor estiver a nossa alma, mais esse Bem se comunicará a nós e, através de nós, aos outros. *O Senhor dará fortaleza ao seu povo, o Senhor abençoará o seu povo com a paz* (Sal 28, 11).

Deus é o Deus da paz. Só fala e opera no meio da paz, não na confusão nem na agitação. Lembremo-nos da experiência do profeta Elias no Horeb: Deus não estava no furacão, nem no tremor de terra, nem no fogo, mas no *murmúrio de uma brisa ligeira* (cf. 1 Re 19, 11-13).

Com frequência inquietamo-nos e alteramo-nos pretendendo resolver todas as coisas por nós mesmos, quando seria muito mais eficaz permanecermos tranquilos sob o olhar de Deus e deixá-lo atuar em nós com a sua sabedoria e o seu poder infinitamente superiores. *Porque assim diz o Senhor, o Santo de Israel: a vossa salvação está na conversão e na quietude, é no repouso e na confiança que reside a vossa força* (Is 30, 15).

Evidentemente, esta consideração não é um convite à preguiça ou à inatividade. É um convite para que trabalhemos, e por vezes para que trabalhemos muito, mas sob o impulso do Espírito de Deus, que é um espírito afável e sereno, e não no meio desse espírito de inquietação, de agitação e de excessiva precipitação que com frequência nos domina. Esse zelo, mesmo quando é por Deus, está muitas vezes pouco clarificado. São Vicente de Paulo, a pessoa menos suspeita de preguiça que já existiu, dizia: «O bem que Deus faz, fá-lo por Ele mesmo, quase sem que o percebamos. Temos de ser mais passivos que ativos».

Paz interior e fecundidade apostólica

Há quem possa pensar que esta busca da paz interior é egoísta: como propô-la como um dos principais objetivos dos nossos esforços, quando há no mundo tanto sofrimento e tanta miséria?

Em primeiro lugar, devemos responder a isso que a paz interior de que se trata é a do Evangelho; não tem nada a ver com uma espécie de impassibilidade, de anulação da sensibilidade ou de uma fria indiferença encerrada em si mesma, das quais as estátuas de Buda ou certas posições do ioga poderiam dar-nos uma imagem. Antes pelo contrário, é, como veremos a seguir, o corolário natural de um amor, de uma autêntica sensibilidade para com os sofrimentos do próximo e de uma verdadeira compaixão, pois só esta paz do coração nos liberta de nós mesmos, aumenta a nossa sensibilidade para com os outros e nos torna disponíveis para o próximo.

Devemos acrescentar que unicamente o homem que goza desta paz interior pode ajudar eficazmente o seu irmão. Como posso comunicar paz aos outros, se eu não a tenho? Como contribuirei para a paz nas famílias, na sociedade e entre as pessoas se, em primeiro lugar, não tiver paz no meu coração?

«Adquira a paz interior, e uma multidão encontrará a salvação ao seu lado», dizia São Serafim de Sarov[1]. Para adquirir essa paz interior, o santo esforçou-se por viver durante muitos anos lutando pela conversão do coração e por uma oração incessante. Só depois de dezesseis anos de vida monástica, de outros dezesseis como eremita e ainda de outros dezesseis recluído numa cela, é que começou a ter uma influência visível: depois de quarenta e oito anos de vida entregue ao Senhor. Mas, a partir de então, que frutos! Milhares de peregrinos se aproximavam dele e se retiravam confortados, libertados das suas dúvidas e inquietações, com a sua vocação decifrada, e curados no corpo e na alma.

As palavras de São Serafim são um testemunho da sua experiência pessoal, idêntica à de muitos outros

---

(1) São Serafim de Sarov (1754-1833) foi um monge e eremita russo. Os santos da Igreja ortodoxa russa não são reconhecidos pela Igreja Católica porque até recentemente entre os ortodoxos a avaliação da santidade se fazia, como na Alta Idade Média ocidental, apenas por meio da *vox populi*, sem um processo formal; no entanto, muitos santos russos são admiráveis (N. do T.).

santos. Conseguir e conservar a paz interior, coisa impossível sem a oração, deveria ser um objetivo prioritário para qualquer pessoa, sobretudo para os que desejam fazer algum bem ao próximo. De outro modo, não farão mais do que transmitir as suas próprias angústias e inquietações.

Paz e combate espiritual

Não obstante, temos de afirmar outra verdade não menos importante: que a vida cristã é um combate, uma luta sem quartel. Na carta aos Efésios, São Paulo convida-nos a *revestir-nos da armadura de Deus* para lutar *não contra a carne e o sangue, mas contra os principados e potestades, contra os dominadores deste mundo tenebroso, contra os espíritos malignos que estão pelas regiões aéreas* (cf. Ef 6, 10-17). E detalha-nos todas as peças dessa armadura.

Todo o cristão deve estar firmemente persuadido de que, em hipótese alguma, a sua vida espiritual pode ser o desenvolvimento pacífico de uma vida insignificante, sem história, antes deve ser o terreno de uma luta constante, e às vezes dolorosa, que só terá fim com a morte: luta contra o mal, as tentações e o pecado que cada qual carrega no seu interior.

Este combate é inevitável, mas é preciso considerá-lo como uma realidade extraordinariamente positiva. Porque «sem guerra, não há paz», diz Santa Catarina de Sena: sem combate, não há vitória. Esse combate é realmente o terreno da nossa purificação, do nosso crescimento espiritual; nele aprendemos a conhecer a nossa fraqueza e a conhecer a Deus na sua infinita misericórdia; numa palavra, esse combate é o âmbito da nossa transfiguração e da nossa glorificação.

No entanto, o combate espiritual do cristão, ainda que por vezes seja duro, não é de maneira nenhuma a luta desesperada de quem se debate no meio da solidão e da cegueira sem nenhuma certeza quanto ao resultado dessa refrega. É o combate daquele que luta com a absoluta certeza de que já conseguiu a vitória, pois o Senhor ressuscitou: *Não chores! O Leão da tribo de Judá, o descendente de Davi, venceu* (cf. Apoc 5, 5). O cristão não combate com as suas forças, mas com as do Senhor, que lhe diz: *Basta-te a minha graça, pois a minha força se faz perfeita na fraqueza* (2 Cor 12, 9). A sua principal arma não é a firmeza natural do caráter ou a capacidade humana, mas a fé, essa adesão total a Cristo que lhe permite, mesmo nos piores momentos, abandonar-se com uma confiança cega nAquele que não pode abandoná-lo: *Tudo posso naquele que me conforta* (Fil 4, 13). *O Senhor é a minha luz e a minha salvação: a quem temerei?* (Sal 26, 1).

Chamado a *resistir até o sangue na luta contra o pecado* (cf. Heb 12, 4), o cristão combate às vezes com violência, mas com um coração sereno, e esse combate é tanto mais eficaz quanto mais sereno está o coração. Porque, como já vimos, é justamente essa paz interior que lhe permite lutar não com as suas próprias forças, que rapidamente se esgotariam, mas com as de Deus.

Ao longo da luta, é a própria paz que costuma estar em jogo

Devemos precisar mais uma coisa. Seja qual for a violência da batalha, o homem de fé esforçar-se-á por manter a paz do coração para deixar que o Deus dos exércitos lute nele. Além disso, porém, deve ser consciente de que a paz interior não é apenas a condição do combate espiritual, mas costuma ser *aquilo que está em jogo*. Com frequência, o combate espiritual consiste precisamente nisso: em defender a paz interior do inimigo que se empenha em no-la arrebatar.

Com efeito, uma das estratégias mais habituais do demónio para afastar uma alma de Deus e atrasar o seu progresso espiritual consiste em procurar fazê-la perder a paz interior. Lorenzo Scupoli, um dos grandes mestres espirituais do século XVI, muito apreciado por São Francisco de Sales, diz-nos: «O demónio concentra todos os seus esforços em arrancar a paz do nosso coração, porque sabe que Deus mora na paz, e na paz realiza coisas grandes».

É extraordinariamente útil ter isto presente, pois pode acontecer que, no decurso quotidiano da nossa vida cristã, nos enganemos de campo de batalha, por dizê-lo assim, e orientemos mal os nossos esforços: em vez de lutarmos na autêntica frente de batalha, na qual, pela graça de Deus, temos sempre *a certeza da vitória*, lutamos num terreno a que o demônio nos atrai sutilmente e onde pode vencer-nos. E esse é um dos grandes «segredos» da luta espiritual: não nos enganarmos de frente de batalha, sabermos discernir, apesar da astúcia do inimigo, qual é a verdadeira frente, onde é que temos de lutar realmente e onde é que devemos concentrar os nossos esforços.

Por exemplo, achamos que vencer no combate espiritual significa livrarmo-nos de todos os nossos defeitos, nunca sucumbir à tentação e pôr fim às nossas fraquezas e faltas. Mas se é nesse terreno que somos inexoravelmente vencidos! Quem pode pretender nunca cair? Não é isso o que Deus exige de nós, pois *Ele sabe de que estamos feitos e não se esquece de que somos pó* (Sal 102, 14).

Pelo contrário, o autêntico combate espiritual consiste não tanto em lutarmos por uma vitória definitiva ou por uma impecabilidade totalmente fora do nosso alcance, mas sobretudo em aprendermos a aceitar as nossas falhas ocasionais sem desanimar, em não perdermos a paz do coração quando caímos lamentavelmente, em não nos entristecermos demasiado pelas nossas derrotas, e em sabermos aproveitar os nossos fracassos para subir mais alto... E isso sempre é possível, desde que não nos angustiemos e conservemos a paz...

Poderíamos, portanto, enunciar razoavelmente este

princípio: o objeto fundamental do combate espiritual, para o qual deve tender prioritariamente o nosso esforço, *não é conseguir sempre a vitória* (sobre as nossas tentações ou as nossas fraquezas), mas antes *aprender a conservar a paz do coração em qualquer circunstância, mesmo em caso de derrota.*

Só assim poderemos alcançar esse outro objetivo, que consiste na eliminação das nossas quedas, defeitos, imperfeições e pecados. Devemos aspirar a essa vitória, mas sendo conscientes de que não a obteremos mediante as nossas forças e de que, portanto, não devemos pretender alcançá-la imediatamente. Só a graça de Deus nos conseguirá a vitória, e essa graça será mais poderosa e eficaz em nós na medida em que mantivermos o nosso interior na paz e no abandono confiado nas mãos do nosso Pai dos céus.

As razões pelas quais perdemos a paz são sempre más razões

Um dos aspectos mais salientes do combate espiritual é a luta no plano do pensamento. Lutar significa com frequência opor uns pensamentos que podem reconfortar-nos e devolver-nos a paz a esses outros que provêm do nosso próprio espírito, da mentalidade que nos rodeia ou mesmo do Inimigo (a origem importa muito pouco) e que nos levam à confusão, ao temor ou ao desalento. A respeito deste combate, *feliz o homem que encheu a sua aljava* (Sal 126, 5) com essas flechas que são os bons pensamentos, quer dizer, as convicções sólidas baseadas na fé que nutrem a inteligência e fortalecem o coração no momento da prova.

Entre essas *flechas na mão do guerreiro* (Sal 126, 4), está uma das afirmações de fé que deve habitar em nós permanentemente: a de que *todas as razões que temos para perder a paz são más razões*.

É evidente que esta convicção não pode basear-se em considerações humanas. Não pode ser senão uma certeza de fé, fundada na Palavra de Deus. Jesus Cristo disse-nos claramente que essa certeza não se apoia nas razões do mundo: *Deixo-vos a paz, dou-vos a minha paz. Não a dou como a dá o mundo. Não se perturbe o vosso coração nem se acovarde...* (Jo 14, 27).

Se procuramos a paz *como a dá o mundo*, se esperamos a nossa paz pelas razões do mundo – por motivos que, segundo a mentalidade que nos rodeia, fazem estar em paz (porque tudo corre bem, porque não temos contrariedades, porque os nossos desejos estão totalmente realizados, etc.) –, não há dúvida de que ou nunca a encontraremos, ou então será uma paz extremamente frágil e de curta duração.

Para nós, que temos fé, a razão essencial que nos leva a estar sempre em paz não procede do mundo. *O meu reino não é deste mundo* (Jo 18, 36). Procede da confiança na Palavra de Cristo.

Quando o Senhor afirma que *nos deixa a paz*, que *nos dá a paz*, as suas palavras são palavras divinas, palavras que têm a mesma força criadora das que fizeram surgir o céu e a terra do nada, o mesmo peso das que acalmaram a tempestade, as palavras que curaram os enfermos e ressuscitaram os mortos. E uma vez que Cristo nos declara em duas ocasiões que nos *dá a sua paz*, acreditamos que esta paz jamais nos será retirada. *Os dons e a vocação de Deus são irrevogáveis* (Rom 11, 29). O que acontece é que nem sempre sabemos recebê-los ou conservá-los, porque com frequência nos falta fé...

Disse-vos isto para que tenhais paz em mim. No mundo tereis tribulações, mas confiai: eu venci o mundo (Jo 16, 33). Em Jesus podemos permanecer sempre em paz porque Ele venceu o mundo, porque ressuscitou dentre os mortos. Pela sua morte, venceu o mundo, anulou a sentença de condenação que pesava sobre nós. Mostrou a benevolência de Deus para conosco. E *se Deus está por nós, quem será contra nós?* [...] *Quem nos separará do amor de Cristo?* (Rom 8, 31.35).

Vamos examinar agora, a partir desse fundamento inquebrantável da fé, certas situações em que frequentemente costumamos perder, em maior ou menor medida, a paz do coração. À luz da fé, procuraremos pôr em evidência como é vão transtornar-nos nessas circunstâncias.

Previamente, porém, será útil tecermos alguns comentários que ajudem a concretizar a quem se dirigem e para quem são válidas as considerações que vamos expor sobre este tema.

A boa vontade, condição necessária para a paz

É evidente que a paz interior de que tratamos não pode ser considerada como patrimônio de todos os homens, independentemente da sua atitude para com Deus.

O homem que faz frente a Deus, que mais ou menos conscientemente lhe foge, ou foge de algumas das suas chamadas ou exigências, não poderá viver em paz. Quando alguém está perto de Deus, quando o ama e deseja servi-lo, a estratégia habitual do demônio consiste em fazê-lo perder a paz do coração, ao passo que Deus, pelo contrário, acode em sua ajuda para devolver-lhe essa paz. Mas esta lei muda radicalmente para uma pessoa que tenha o coração longe de Deus, que viva no meio da indiferença e do mal: o demônio procurará tranquilizá-la, mantê-la numa falsa quietude, ao passo que o Senhor, que deseja a sua salvação e a sua conversão, agitará e inquietará a sua consciência para procurar induzi-la ao arrependimento.

Repetimos: o homem não pode viver numa paz profunda e duradoura se está longe de Deus, se a sua íntima vontade não está totalmente orientada para Ele: «Fizeste-nos para Ti, Senhor, e o nosso coração estará inquieto enquanto não descansar em Ti», diz Santo Agostinho.

Uma condição necessária para a paz interior é, portanto, o que poderíamos designar por *boa vontade*. Também se poderia designá-la por pureza do coração. É a disposição estável e constante do homem que está decidido a amar a Deus sobre todas as coisas, que em qualquer circunstância deseja sinceramente preferir a vontade de Deus à própria, e que não quer negar conscientemente coisa alguma a Deus.

É possível (e mesmo certo) que o comportamento desse homem ao longo da sua vida não esteja em perfeita harmonia com essas intenções e desejos, e que surjam imperfeições no seu cumprimento, mas sofrerá, pedirá perdão ao Senhor e procurará emendar-se. Depois de uns momentos de eventual desalento, esforçar-se-á por voltar à disposição habitual de quem quer dizer *sim* a Deus em todas as coisas sem exceção.

Isso é a boa vontade. Não é a perfeição, a santidade plena, já que pode coexistir com vacilações, imperfeições e mesmo faltas, mas é o caminho, pois é exatamente a disposição habitual do coração (cujo fundamento se encontra nas virtudes da fé, da esperança e da caridade) que permite à graça de Deus conduzir-nos pouco a pouco à perfeição.

Esta boa vontade, esta disposição habitual de dizer *sim* a Deus, tanto nas coisas grandes como nas pequenas, é uma condição *sine qua non* da paz interior. Enquanto não a alcançarmos, continuaremos a sentir em nós uma certa inquietação e tristeza: a inquietação de não amarmos a Deus como Ele nos convida a amá-lo, a tristeza de ainda não lhe termos dado tudo. O homem que entregou a sua vontade a Deus, de certo modo já lhe entregou tudo.

Não podemos estar realmente em paz enquanto o nosso coração não encontrar a sua unidade, e o coração só estará unificado quando todos os nossos desejos se subordinarem ao desejo de amar a Deus, de comprazê-lo e de fazer a sua vontade. Logicamente, isto implica também a determinação habitual de nos desprendermos de tudo o que seja contrário a Deus. E nisto consiste a boa vontade, condição necessária para a paz da alma.

A boa vontade, condição suficiente para a paz

Em contrapartida, podemos afirmar que a boa vontade é suficiente para termos o direito de conservar o coração em paz, mesmo que ainda tenhamos muitos defeitos e fraquezas: *Paz na terra aos homens de boa vontade*, como dizia o texto latino da Vulgata.

Com efeito, que nos pede Deus senão essa boa vontade? Que poderia Ele exigir de nós, Ele que é um Pai bom e compassivo, senão ver que o seu filho deseja amá-lo sobre todas as coisas, que sofre por não amá-lo suficientemente e está disposto, embora se saiba incapaz de consegui-lo, a desprender-se de tudo o que se oponha a esse propósito? Não terá o próprio Deus que intervir agora e dar cumprimento a esses desejos que o homem é incapaz de alcançar unicamente pelos seus próprios meios?

Em ajuda do que acabamos de dizer, ou seja, que a

boa vontade basta para nos tornar agradáveis a Deus, e, em consequência, para vivermos em paz, eis um episódio da vida de Santa Teresa de Lisieux relatado pela sua irmã Céline:

«Numa ocasião em que a Irmã Teresa me tinha mostrado todos os meus defeitos, sentia-me triste e um pouco desamparada. Pensava: eu, que tanto desejo alcançar a virtude, vejo-me muito longe disso; quereria ser doce, paciente, humilde, caritativa, ai!, nunca o conseguirei!... Mas, na oração da tarde, li que, quando Santa Gertrudes manifestou esse mesmo desejo, Nosso Senhor lhe respondeu: "Em tudo e acima de tudo, tem *boa vontade*: essa simples disposição dará à tua alma o brilho e o mérito especial de todas as virtudes. Todo aquele que tiver boa vontade, o desejo sincero de procurar a minha glória, de dar-me graças, de compadecer-se dos meus sofrimentos, de amar-me e servir-me tanto como todas as criaturas juntas, receberá com toda a certeza umas recompensas dignas da minha liberalidade, e o seu desejo ser-lhe-á em algumas ocasiões mais proveitoso do que a outros lhes são as suas boas obras".

«Feliz com essas frases – prossegue Céline –, sempre em meu benefício, comuniquei-as à Irmã Teresa, que, em reforço, acrescentou: "Leste o que se conta da vida do Padre Sorin? Certa vez, enquanto fazia um exorcismo, os demônios disseram-lhe: 'Conseguimos tudo; só não conseguimos vencer essa cadela da *boa vontade*'. Pois bem, se não tens virtude, tens uma 'cadelinha' que te salvará de todos os perigos. Consola-te: levar-te-á ao Paraíso. Ah! Onde há uma alma que não deseje alcançar a virtude? É a via comum. Mas que pouco numerosas são as que aceitam cair, ser fracas, que se sentem felizes vendo-se de rastos pelo chão e que as outras as surpreendam nessa posição!"»[2]

Como vemos por este texto, o conceito que Teresa (a maior santa dos tempos modernos, no dizer do Papa Pio XI) tinha da perfeição não é de maneira nenhuma aquele que nós temos espontaneamente. Mas deixemos por enquanto este ponto, e passemos ao exame das diferentes razões pelas quais perdemos frequentemente a paz do coração.

---

(2) *Conseils et souvenirs recueillis par Soeur Geneviève de la Sainte Face* [«Conselhos e recordações de Sor Genoveva»], Office central de Lisieux, 1952.

Como reagir perante o que nos faz perder a paz

As preocupações da vida e o medo de fracassar

A causa mais comum da perda de paz é o temor suscitado por certas situações que nos afetam pessoalmente, fazendo com que nos sintamos ameaçados: apreensão perante as dificuldades presentes ou futuras, medo de fracassar em algum assunto importante, de não levar a bom termo determinado projeto, etc. Os exemplos são infinitos e incidem em todos os aspectos da nossa vida: saúde, vida familiar e profissional, conduta moral ou a própria vida espiritual.

Em cada uma dessas ocasiões, está em jogo um bem de algum tipo: seja material (dinheiro, saúde, forças), moral (aptidões humanas, estima, afeto por determinadas pessoas) ou mesmo espiritual; um bem que desejamos ou que consideramos necessário, que temos medo de perder, de não conseguir, ou do qual precisamos realmente. E a inquietação que nos provoca a sua falta ou o temor de fracassar fazem-nos perder a paz.

O que é que nos permitirá conservá-la sempre em face dessa espécie de situações? Não há dúvida de que não nos bastam a sabedoria nem os recursos humanos, nem as cautelas, previsões, reservas e seguros de qualquer gênero. Quem pode garantir a posse de um bem, seja de que natureza for? Não é coisa que se consiga à força de cálculos e preocupações. *Quem de vós, por mais que se preocupe, pode acrescentar um só côvado à duração da sua vida?* (Mt 6, 27).

O homem nunca está seguro de obter o que deseja; tudo o que tem entre as mãos pode desaparecer de um momento para outro; não conta com nenhuma garantia em que possa apoiar-se plenamente... E este não é realmente o caminho que Cristo nos indica. Antes pelo contrário, diz-nos: *Quem quiser salvar a sua vida, perdê-la-á* (Mt 16, 25).

Pode-se dizer que o meio mais seguro de perder a paz é precisamente tratar de garantir a vida valendo-se unicamente de meios humanos, de projetos e decisões pessoais, ou apoiando-se em terceiros. Dada a nossa incapacidade, bem como a limitação das nossas forças, a impossibilidade de prever tudo ou as decepções que nos podem causar as pessoas com quem contamos, quem procura «salvar-se» assim debate-se entre tormentos e inquietações.

Para conservarmos a paz no meio dos avatares da existência humana, só temos uma solução: apoiar-nos exclusivamente em Deus, com uma confiança plena naquele que é esse *Pai do céu que sabe que precisais de todas essas coisas* (Mt 6, 32).

Portanto, eis o que vos digo: não vos preocupeis pela vossa vida, pelo que comereis, nem pelo vosso corpo, pelo que vestireis. Não é a vida mais do que o alimento e o corpo mais do que as vestes? Olhai as aves do céu, que não semeiam nem ceifam, nem recolhem nos celeiros, e no entanto o vosso Pai celeste as alimenta. Não valeis vós muito mais que elas? Quem de vós, por mais que se preocupe, pode acrescentar um só côvado à duração da sua vida?

E por que vos inquietais com o que haveis de vestir? Considerai como crescem os lírios do campo, que não trabalham nem fiam. No entanto, eu vos digo que nem o próprio Salomão em toda a sua glória se vestiu como um deles. Se Deus veste assim a erva dos campos, que hoje cresce e amanhã será lançada ao fogo, quanto mais cuidará de vós, homens de pouca fé?

Não vos aflijais nem digais: Que comeremos? Que beberemos? Com que nos vestiremos? São os pagãos que se preocupam com tudo isso. Ora, o vosso Pai celeste sabe que precisais de todas essas coisas. Buscai em primeiro lugar o Reino de Deus e a sua justiça e todas essas coisas vos serão dadas por acréscimo. Não vos preocupeis, pois, com o dia de amanhã: o dia de amanhã terá as suas próprias preocupações. Basta a cada dia o seu cuidado (Mt 6, 25-34).

Evidentemente, Cristo não proíbe que façamos tudo o que é necessário para ganharmos o nosso sustento, para nos vestirmos e cobrirmos todas as nossas necessidades, mas quer livrar-nos das preocupações que nos atormentam e nos fazem perder a paz.

No entanto, muitos se sentem surpresos diante dessas palavras e não as assumem plenamente, e até se escandalizam por essa maneira de ver as coisas. Mas quantos desgostos e aflições inúteis poupariam se quisessem tomar a sério essas palavras que são palavras de Deus, e palavras de amor, de consolo e de uma extraordinária ternura!

Este é o nosso grande drama: o homem não tem confiança em Deus, e então, ao invés de abandonar-se nas mãos doces e seguras de seu Pai do Céu, procura por todos os meios encontrar uma saída pelas suas próprias forças, fazendo-se assim terrivelmente infeliz. Como é injustificada essa falta de confiança! Não é absurdo que um filho duvide assim de seu Pai, quando esse Pai é o melhor e o mais poderoso que pode existir, quando esse Pai é o Pai do Céu? Apesar disso, vivemos frequentemente no meio dessa situação absurda. Escutemos a censura que o Senhor nos dirige por boca de Santa Catarina de Sena:

«Por que não confias em mim, teu Criador? Por que te apoias em ti? Não sou fiel e leal contigo? [...] Redimido, e recuperada a graça em virtude do sangue do meu Filho único, o homem pode, pois, dizer que experimentou a minha fidelidade. E, no entanto, parece que ainda duvida de que Eu seja suficientemente poderoso para socorrê-lo, suficientemente forte para assisti-lo e defendê-lo dos seus inimigos, suficientemente sábio para iluminar os olhos da sua inteligência; ou duvida de que Eu tenha a clemência necessária para querer dar-lhe aquilo de que precisa para a sua salvação. Parece pensar que não sou suficientemente rico para fazer a sua fortuna, nem suficientemente formoso para fazê-lo formoso; dir-se-ia que tem medo de não encontrar em mim o pão para se alimentar e a roupa para se cobrir»[3].

Por exemplo, são muitos os jovens que hesitam em entregar totalmente a sua vida a Deus porque não confiam em que Ele seja capaz de fazê-los plenamente felizes. E ao pretenderem garantir por conta própria a sua felicidade, tornam-se tristes e desditosos.

Esta é a grande vitória do Pai da Mentira, do Acusador: conseguir infiltrar no coração de um filho de Deus a desconfiança para com seu Pai!

Infelizmente, todos chegamos ao mundo marcados por essa desconfiança: é isso o pecado original. E toda a nossa vida espiritual consiste precisamente num longo

---

(3) Santa Catarina de Sena, *O Diálogo*, 14.

processo de reeducação para recuperar, pela graça do Espírito Santo, essa confiança perdida que nos faz dizer novamente a Deus: «*Abba, Pai!*»

É certo, por outro lado, que esse «regresso à confiança» nos é muito difícil, longo e penoso. Há aí dois obstáculos principais.

A dificuldade de crer na Providência

O primeiro obstáculo consiste em que, enquanto não tivermos experimentado concretamente a fidelidade com que a Providência divina provê às nossas necessidades essenciais, nos custa crer e abandonar-nos nela. Somos pessoas obcecadas, não nos bastam as palavras de Cristo; para crer, queremos *ver* ao menos um pouco! Ora, a verdade é que não *vemos* a Providência atuar claramente entre nós; como podemos então experimentá-la?

É importante saber uma coisa: só experimentaremos o apoio de Deus se lhe deixarmos o espaço necessário para que possa manifestar-se. Gostaria de fazer uma comparação: enquanto o paraquedista não saltar para o vazio, não poderá verificar que o paraquedas o sustenta, pois este ainda não teve a possibilidade de abrir-se. É preciso que comece por saltar, e só então se sentirá sustentado. Na vida espiritual acontece o mesmo: «Deus dá-nos segundo a medida em que esperamos dEle», diz São João da Cruz. E São Francisco de Sales: «A medida da Providência divina para conosco é a confiança que temos nela».

Aqui está o autêntico problema: muitos não creem na Providência porque nunca a experimentaram, mas não a experimentaram porque não deram o salto no vazio, o salto da fé, e assim não lhe deixam a possibilidade de intervir: calculam tudo, preveem tudo, cuidam de resolver tudo pelos seus próprios meios, em vez de contar com Deus.

Os fundadores de Ordens religiosas abrem caminho audazmente pondo na frente esse espírito de fé: compram casas sem terem um centavo ou recolhem pobres sem terem com que alimentá-los. Então Deus faz milagres em favor deles, e chegam os cheques e enchem-se os celeiros. Mas com demasiada frequência, ao cabo de algumas gerações, tudo está planificado, contabilizado, e ninguém se compromete a um gasto sem estar seguro de poder pagá-lo. Como poderá manifestar-se a Providência?

Isto é também válido no plano espiritual. Se, para estar certo de que não vai ficar malparado perante os seus ouvintes, um sacerdote redige todos os seus sermões e conferências até a última vírgula, sem nunca ter tido a audácia de lançar-se a pregar apoiando-se, como principal preparação, na oração e na confiança em Deus, como chegará a experimentar a ajuda do Espírito Santo que, segundo as palavras do Evangelho, fala através da sua boca?: *Não vos preocupeis pela maneira como haveis de falar* [...] *porque naquela hora vos será dado o que haveis de dizer. Porque não sereis vós que falareis, mas o Espírito do vosso Pai que falará em vós* (Mt 10, 19).

É claro que com isto não queremos dizer que ser previdente, fazer um orçamento ou preparar um sermão seja mau. Não há dúvida de que também os nossos talentos naturais são instrumentos nas mãos da Providência! Mas tudo depende da disposição interior com que o façamos. Temos de compreender que há uma enorme diferença entre a atitude do coração daquele que – pelo receio de ser apanhado desprevenido e por não acreditar na intervenção divina a favor dos que contam com ela – quer ter todos os fios na mão e só atua dentro da medida exata da sua capacidade atual, e a daquele que, certamente, faz tudo o que está ao seu alcance, mas ao mesmo tempo se abandona confiadamente em Deus para empreender tudo o que Deus lhe pede e que ultrapassa as suas possibilidades. E o que Deus nos pede está sempre acima das nossas possibilidades naturais!

O medo do sofrimento

O segundo grande obstáculo para chegarmos ao abandono é a presença da dor na nossa própria vida e no mundo que nos rodeia. O próprio Deus permite o sofrimento dos que se abandonam nEle, consentindo que lhes faltem certas coisas, às vezes de um modo doloroso. Em que pobreza não viveu a família da pequena

Bernadette de Lourdes? Não é um desmentido às palavras do Evangelho? Não, não é, porque o Senhor pode permitir que nos faltem certas coisas (às vezes consideradas indispensáveis aos olhos do mundo), mas nunca nos deixará privados do essencial: da sua presença, da sua paz e de tudo o que, segundo os seus desígnios, é necessário para a realização da nossa vida. Se permite os sofrimentos, a nossa força está em crer que «Deus não permite sofrimentos inúteis», como diz Teresa de Lisieux.

Se queremos levar até o extremo a nossa fé cristã, temos de estar convencidos de que, tanto no âmbito da nossa história pessoal como na história do mundo, Deus é suficientemente bom e poderoso para utilizar em nosso favor todo o mal, seja qual for, e todo o sofrimento, por absurdo e inútil que pareça. Não podemos ter uma certeza matemática ou filosófica disto: só pode ser obtida por um ato de fé, mas é precisamente esse ato de fé que nos convida a proclamar a Ressurreição de Cristo, entendida e assumida como a vitória definitiva de Deus sobre o mal.

O mal é um mistério, um escândalo, e sempre o será. É necessário fazer o possível para eliminá-lo, para aliviar a dor, mas está sempre presente na nossa história pessoal e na do mundo. O seu lugar na economia da Redenção compete à sabedoria de Deus, que não é a sabedoria dos homens e que sempre terá algum aspecto incompreensível: *Os meus pensamentos não são os vossos pensamentos, nem os meus caminhos os vossos caminhos, diz Javé. Tanto quanto os céus estão mais alto que a terra, tanto os meus caminhos estão acima dos vossos e os meus pensamentos acima dos vossos* (Is 55, 8-9).

Em certos momentos da sua vida, o cristão ver-se-á, pois, convidado a crer contra as aparências, a *esperar contra toda a esperança* (Rom 4, 18). Inevitavelmente, surgem ocasiões em que não podemos compreender os motivos da atuação de Deus, porque nelas não intervém a sabedoria dos homens – uma sabedoria ao nosso alcance, compreensível e explicável para a inteligência humana –, mas a misteriosa e incompreensível Sabedoria divina.

É uma sorte que seja assim! Caso contrário, como seria possível deixar que a Sabedoria de Deus agisse de acordo com os seus desígnios? Que lugar haveria então para a confiança? É verdade que, em muitas coisas, nós não nos comportaríamos como Deus o faz. Não teríamos escolhido a loucura da Cruz como meio de Redenção! Felizmente, não é a nossa sabedoria, mas a Sabedoria de Deus que dirige todas as coisas, pois é infinitamente mais poderosa e mais amante, e sobretudo mais misericordiosa.

E se a Sabedoria de Deus é incompreensível nos seus caminhos, e às vezes desconcertante no seu modo de agir em relação a nós, é o penhor – que será também incompreensível – de tudo o que prepara para os que esperam nela e que ultrapassa infinitamente em glória e beleza o que possamos imaginar ou conceber: *Nem olho algum viu, nem ouvido algum ouviu, nem passou pelo coração do homem aquilo que Deus preparou para os que o amam* (1 Cor 2, 9).

A sabedoria do homem só pode produzir obras à medida humana; unicamente a Sabedoria divina pode levar a cabo coisas divinas, e é a essa grandeza que Deus nos destinou.

Esta deve ser, pois, a nossa força ante o problema do mal; não está numa resposta filosófica, mas numa confiança filial em Deus, no seu Amor e na sua Sabedoria: na certeza de que *todas as coisas concorrem para o bem dos que amam a Deus* e de que *os sofrimentos do tempo presente não têm comparação com a glória vindoura que se há de manifestar em nós* (Rom 8, 28 e 18).

Para crescer na confiança, uma oração de filhos

Como crescer nesta confiança total em Deus, como cultivá-la e alimentá-la em nós? Sem dúvida, não somente por especulações intelectuais e considerações teológicas, que não se sustentarão no momento da prova, mas por um *olhar de contemplação dirigido a Cristo*.

O que realmente inspira confiança é contemplar Cristo, que dá a sua vida por nós, e alimentar-nos desse «amor demasiado grande» que Ele nos manifesta na Cruz. Como pode essa suprema prova de amor – *ninguém tem maior amor que aquele que dá a vida pelos seus amigos* (Jo 15, 13) –, incansavelmente contemplada, num olhar comovido de amor e de fé, como pode essa prova deixar de fortalecer pouco a pouco o nosso coração, enchendo-o de uma confiança inquebrantável? Como não há de estar *por nós*, plena e absolutamente *a nosso favor*, como não há de fazer tudo por nós esse Deus amigo dos homens, que *não poupou o seu próprio Filho, mas o entregou por todos nós? Se Deus está por nós, quem será contra nós?* (Rom 8, 32.31).

Vemos assim a absoluta necessidade da oração contemplativa para crescermos na confiança. Para dizer a verdade, são demasiadas as pessoas que se sentem intranquilas porque não são contemplativas e não reservam tempo algum para alimentar o seu coração e devolver-lhe a paz com um olhar de amor pousado em Cristo. Para resistirmos ao temor, ao abatimento, é necessário que, por meio da oração, por uma experiência pessoal de Deus reencontrado, reconhecido e amado através dela, possamos *provar e ver como o Senhor é bom* (cf. Sal 33, 9). A certeza que o hábito da oração infunde em nós é mais forte que a que resulta dos raciocínios, ainda que sejam da mais alta teologia.

Para resistirmos aos incessantes assaltos do mal e aos pensamentos de desalento e desconfiança, a nossa oração há de ser incessante e incansável. Em numerosas ocasiões, fui fazer a minha hora quotidiana de adoração ao Santíssimo Sacramento num estado de preocupação e desânimo e, sem que tivesse acontecido nada de extraordinário, sem dizer nem sentir nada de especial, saí de lá com o coração apaziguado. As circunstâncias exteriores eram as mesmas, os problemas continuavam por resolver, mas o coração tinha mudado e, a partir desse momento, podia enfrentá-los tranquilamente. O Espírito Santo tinha feito o seu trabalho em segredo.

Nunca insistiremos bastante na necessidade da oração silenciosa, a autêntica fonte da paz interior. Como abandonar-nos em Deus e confiar nEle, se só o conhecemos de longe, de ouvido? *Meus ouvidos tinham escutado falar de ti, mas agora meus olhos te viram* (Jó 42, 5). O coração só acorda para a confiança se acorda para o amor, e temos necessidade de experimentar a suavidade e a ternura do coração de Cristo. Isto só se obtém graças ao hábito da oração, desse doce descanso em Deus que é a oração contemplativa.

Aprendamos, pois, a abandonar-nos com a simplicidade das crianças, a confiar totalmente em Deus tanto nas coisas grandes como nas pequenas, e Ele manifestará a sua ternura, a sua previsão e a sua fidelidade de um modo às vezes comovente. Se em certos momentos nos trata com aparente rudeza, tem também delicadezas imprevistas, de que só é capaz um amor tão terno e puro como o seu. No final da sua vida, São João da Cruz ia pela estrada a caminho do convento onde terminaria os seus dias, doente, esgotado, e, a certa altura, não aguentando mais, sentiu vontade de comer aspargos, como na sua infância. Junto à pedra onde se sentou para recuperar o fôlego, apareceu uma braçada, depositada ali misteriosamente.

No meio das nossas provas, experimentaremos semelhantes delicadezas do Amor; não estão reservadas apenas aos santos, mas a todos os pobres que creem realmente que Deus é seu Pai e assim o invocam. E serão um poderoso estímulo para que nos entreguemos, um estímulo muito mais eficaz que qualquer raciocínio.

Penso que é aqui que se encontra a verdadeira resposta para o mistério do mal e da dor, uma resposta, insisto, não filosófica, mas existencial: praticando pela oração o abandono nas mãos de Deus, adquiro a experiência concreta de que, efetivamente, «isso funciona», de que Deus faz concorrer tudo para o meu bem, mesmo o mal, mesmo a dor e mesmo os meus próprios pecados. Quando chegam certas situações que temia, parecem-me, depois do primeiro impacto doloroso, suportáveis e benéficas, se me coloco sob o olhar de Deus. O que considerava ser contra mim revela-se como coisa feita em meu favor. Então digo de mim para mim: o que Deus, na sua infinita Misericórdia, faz por mim, tem de fazê-lo também pelos outros, e igualmente pelo mundo inteiro, de um modo misterioso e oculto.

Ou nos abandonamos por completo ou não nos abandonamos de forma alguma...

É conveniente fazer um comentário a propósito do abandono.

Para que seja autêntico e gere paz, é preciso que seja pleno; que ponhamos tudo, sem exceção, nas mãos de

Deus, sem tratar de «salvar-nos» por nós mesmos em nenhum terreno: material, afetivo ou espiritual. Não se pode dividir a existência humana em secções: em algumas, seria válido abandonarmo-nos em Deus confiadamente, e em outras, pelo contrário, conviria agirmos exclusivamente por nós mesmos. Estejamos certos de uma coisa: qualquer realidade que não abandonemos nas mãos de Deus, que pretendamos organizar por nossa conta sem dar «carta branca» a Deus, continuará a inquietar-nos de um modo ou de outro. A medida da nossa paz interior será a do nosso abandono, quer dizer, a do nosso desprendimento.

O abandono implica assim uma parcela inevitável de renúncia, e isso é o que o torna mais difícil para nós. Temos uma tendência natural a «apegar-nos» a uma multidão de coisas: bens materiais, afetos, desejos, planos, etc., e custa-nos terrivelmente abandonar a presa, porque temos a impressão de que vamos perder-nos, de que iremos morrer. Nesses momentos, temos de acreditar com todo o nosso coração na frase de Cristo, nessa lei de que «quem ganha perde» tão explícita no Evangelho: *Quem quiser salvar a sua vida perdê-la-á, mas quem perder a sua vida por mim encontrá-la-á* (Mt 16, 25).

Quem aceita a renúncia, essa morte que é o desprendimento, encontra a verdadeira vida. O homem que se aferra a alguma coisa, que quer salvaguardar o seu domínio sobre alguma parcela da sua vida para administrá-la segundo as suas conveniências, sem abandoná-la radicalmente nas mãos de Deus, faz um cálculo muito errado: carrega-se de preocupações inúteis e expõe-se à inquietação de perdê-la. Em contrapartida, quem aceita deixar tudo nas mãos de Deus, quem o autoriza a dar e tomar segundo lhe apraz, encontra uma paz e uma liberdade interior inexplicáveis. «Ah! Se soubéssemos o que se ganha renunciando a todas as coisas!», diz Teresa de Lisieux.

Esse é o caminho da felicidade. Se deixamos Deus agir livremente, Ele é infinitamente mais capaz do que nós de fazer-nos felizes, porque nos conhece e nos ama mais do que nós nos conhecemos e nos amamos. São João da Cruz expressa esta verdade em outros termos: «Foram-me dados todos os bens desde o momento em que deixei de procurá-los». Se nos desprendermos de tudo, pondo-o nas mãos de Deus, Deus nos devolverá muito mais – o cêntuplo – *nesta vida* (Mc 10, 30).

Deus pede tudo, mas não toma tudo necessariamente

A propósito do que acabamos de considerar, é importante que saibamos desmascarar um ardil que o demônio costuma empregar para nos desconcertar e desanimar.

Perante algum bem de que desfrutamos (um bem material, uma amizade, uma atividade de que gostamos, etc.), e para impedir que nos abandonemos em Deus, o demônio faz-nos imaginar que, se o entregamos por inteiro, Deus, efetivamente, no-lo tomará por inteiro e «arrasará» a nossa vida. Isso provoca um temor que nos paralisa completamente! Mas não se deve cair nessa armadilha.

O que o Senhor nos pede é unicamente uma atitude de desprendimento no coração, uma disposição de dar tudo, mas não toma «tudo» necessariamente: deixa-nos na posse sossegada de muitas coisas, sempre que não sejam más em si mesmas e possam servir ao seus desígnios. Sabe também tranquilizar-nos em relação aos escrúpulos que eventualmente poderíamos sentir por gozarmos de certos bens ou de determinadas satisfações humanas, um escrúpulo frequente entre pessoas que amam o Senhor e querem fazer a sua vontade.

Temos de acreditar firmemente que, se Deus nos pede um desprendimento efetivo de determinada realidade, no-lo fará compreender claramente no momento previsto; e esse desprendimento, mesmo que nessa altura seja doloroso, será seguido de uma profunda paz.

A atitude adequada é, pois, a de estarmos dispostos com toda a simplicidade a entregar tudo a Deus sem temor algum e, com uma confiança total, deixá-lo agir como lhe apraz.

Que fazer quando não conseguimos abandonar-nos?

Fizeram essa mesma pergunta a Marthe Robin. A sua resposta foi: «Em qualquer caso, abandonar-nos!» É a resposta de uma pessoa santa e não me permito propor nenhuma outra. Coincide com a frase de Teresa de Lisieux: «A minha única lei é o abandono total».

O abandono não está na linha da nossa natureza: é uma graça que se tem de pedir a Deus. Ele no-la concederá se rezarmos com perseverança: *Pedi e recebereis...* (Mt 7, 7). É um fruto do Espírito Santo que o Senhor não nega a quem o pede com fé: *Se vós, sendo maus, sabeis dar coisas boas aos vossos filhos, quanto mais o Pai do Céu não dará o Espírito Santo aos que lho pedirem?* (Lc 11, 13).

O Senhor é meu pastor, nada me faltará

Uma das mais belas expressões do abandono confiado nas mãos de Deus é o Salmo 22:

O Senhor é meu pastor, nada me faltará.
Em verdes prados me faz repousar
e leva-me para junto das águas refrescantes.
Restaura as forças da minha alma.
Por caminhos retos me conduz,
por amor do seu nome.
Ainda que eu passe pelo vale da sombra da morte,
não temerei mal algum,
pois Tu estás comigo.

*O teu bordão e o teu cajado são o meu amparo.
Preparas-me a mesa
à vista dos meus inimigos.
Derramas perfume sobre a minha cabeça,
e a minha taça transborda.
A tua bondade e a tua misericórdia hão de
acompanhar-me
por todos os dias da minha vida.
E habitarei na casa do Senhor
por longos dias.*

Gostaria de deter-me por uns momentos nesta surpreendente afirmação da Sagrada Escritura, segundo a qual Deus não permite que nos falte nada. Pode servir-nos para desmascarar uma tentação, às vezes sutil, em que caem muitas pessoas e que paralisa enormemente o progresso espiritual.

Trata-se em concreto da tentação de pensar que falta algo de essencial à nossa situação (pessoal, familiar...) e que, por isso, nos é vedada a possibilidade de progredir espiritualmente.

Por exemplo, não gozo de boa saúde e, portanto, não consigo ter os meus momentos de oração do modo que me parece indispensável; ou então a vida no lar impede-me de organizar as minhas práticas de piedade como quereria; ou, ainda, não tenho as qualidades, a energia, as virtudes e os dons necessários para ter alguma iniciativa de valor no terreno da ação apostólica. Não estou satisfeito com a minha vida, com a minha pessoa ou com as minhas condições, e vivo com a constante sensação de que, enquanto as coisas continuarem assim, me será impossível viver real e intensamente. Sinto-me em inferioridade com relação aos outros e trago dentro de mim a contínua nostalgia de uma vida diferente, melhor, mais favorável, na qual, por fim, poderia fazer coisas importantes.

Tenho a sensação de que, segundo a expressão de Rimbaud, «a verdadeira vida está em outro lugar», de que esta que me tocou não é uma verdadeira vida, pois não me oferece, por culpa de algumas limitações ou sofrimentos, as condições necessárias para um autêntico desabrochar espiritual. Estou concentrado no lado negativo da minha situação, no que me falta para ser feliz, e isso torna-me descontente, invejoso e desanimado; em consequência, não progrido. Digo para mim mesmo: a autêntica vida está em outro lugar e, simplesmente, esqueço-me de viver.

Não obstante, às vezes bastaria muito pouca coisa para que tudo fosse diferente e eu avançasse a passos de gigante: bastaria um outro olhar, um olhar de confiança e de esperança na minha situação, baseada na certeza de que nada me poderá faltar, para que as portas se abrissem diante de mim: veria então umas possibilidades inesperadas de crescimento espiritual.

Vivemos com frequência no meio de uma ilusão: queremos que mude o que nos rodeia, que mudem as circunstâncias, e temos a impressão de que nesse caso tudo andaria melhor. Mas isso costuma ser um erro: não são as circunstâncias externas que têm de mudar; o que tem de mudar antes de mais nada é o nosso coração, purificando-se do seu isolamento, da sua tristeza, da sua falta de esperança: *Bem-aventurados os puros de coração, porque verão a Deus* (Mt 5, 8). Bem-aventurados os que têm o coração purificado pela fé e pela esperança, os que olham para a sua vida com um olhar iluminado pela certeza de que, apesar das aparências desfavoráveis, Deus está presente, atende às suas necessidades essenciais e, portanto, nada lhes falta.

Então, se tiverem essa fé, verão a Deus: experimentarão a presença de Deus, que os acompanha e guia. Compreenderão que todas as circunstâncias que lhes pareciam negativas e prejudiciais para a sua vida espiritual são na realidade, segundo a pedagogia de Deus, meios poderosos para os fazer progredir e crescer. São João da Cruz diz que «costuma acontecer que, pelas coisas que julga perder, a alma ganha e aproveita mais». É uma grande verdade.

Por vezes, estamos tão obnubilados por aquilo que não funciona, por aquilo que – segundo os nossos critérios! – deveria ser diferente no nosso caso, que esquecemos o positivo, além de que não sabemos aproveitar todos os aspectos da nossa situação, mesmo os aparentemente negativos, para nos aproximarmos de Deus e crescer na fé, no amor e na humildade.

O que nos falta é sobretudo a convicção de que

«o amor tira proveito de tudo, do bem e do mal que se encontra em mim»[4]. Em vez de nos lamentarmos e de querermos livrar-nos a todo o custo das nossas imperfeições, poderíamos convertê-las em esplêndidas ocasiões de avançar em humildade e confiança na misericórdia de Deus e, como consequência, em santidade.

O problema de fundo é que estamos demasiado aferrados às nossas opiniões sobre o que é bom e o que não o é, e não confiamos suficientemente na Sabedoria e no poder de Deus. Não acreditamos que Ele seja capaz de servir-se de tudo para o nosso bem e que nunca, em qualquer circunstância, deixará que nos falte o essencial, em poucas palavras, o que nos permita amar mais, pois crescer ou desenvolver-se na vida espiritual é aprender a amar. Se tivéssemos mais fé, muitas das circunstâncias que consideramos perniciosas poderiam converter-se em ocasiões maravilhosas para amarmos mais, para sermos mais pacientes, mais humildes, mais mansos, mais misericordiosos, e para nos abandonarmos mais nas mãos de Deus.

Quando chegarmos a convencer-nos disto, obteremos uma força imensa: Deus pode permitir que algumas vezes me falte o dinheiro, a saúde, o talento, as virtudes, mas nunca me faltará Ele mesmo, a sua ajuda e a sua misericórdia, e tudo o que permita aproximar-me sempre mais estreitamente dEle, amá-lo mais in-

---

(4) Santa Teresa de Lisieux, inspirando-se em São João da Cruz.

tensamente, amar melhor o próximo e alcançar a santidade.

Atitude que devemos adotar ante o sofrimento dos que nos rodeiam

Frequentemente, surge uma situação em que corremos o risco de perder a paz interior: é quando uma pessoa próxima de nós se encontra em circunstâncias difíceis. Às vezes, sentimos mais preocupação e angústia pelo sofrimento de um amigo ou de uma criança do que pelo nosso. Em si, é um nobre sentimento, mas não deve ser motivo para desesperarmos. Quanta inquietação, por vezes exagerada, não reina nas famílias quando um dos seus membros adoece, ou perde o emprego, ou passa por momentos de depressão, etc.! Quantos pais não se deixam atormentar pela preocupação que lhes causa o problema deste ou daquele filho...!

Por todas as razões que expusemos nas páginas anteriores, o Senhor convida-nos, também nesses casos, a não perder a paz interior. Por mais legítima que seja a nossa dor, temos de permanecer serenos. O Senhor não nos abandonará: *Pode uma mulher esquecer-se do filho que amamenta, não sentir ternura pelo fruto das suas entranhas? E ainda que ela venha a esquecer-se, eu nunca me esquecerei de ti!* (Is 49, 15).

No entanto, quereria insistir no seguinte: como veremos daqui a pouco, assim como é importante saber distinguir entre a verdadeira e a falsa humildade, entre o autêntico arrependimento, sereno e confiado, e o falso arrependimento – os inquietantes remorsos que nos paralisam –, temos de saber distinguir entre o que poderíamos chamar a verdadeira e a falsa compaixão.

É verdade que, quanto mais avançamos na vida cristã, mais cresce a nossa compaixão. Ao passo que nós somos por natureza duros e indiferentes, o espetáculo da miséria do mundo e a dor dos irmãos arrancam lágrimas aos santos, porque a intimidade com o Senhor lhes tornou «líquido» o coração, em palavras do Cura d'Ars. São Domingos passava as noites chorando e em oração, suplicando ao Senhor: «Meu Deus de misericórdia, que vai ser dos pecadores?!» E teríamos todo o direito de pôr em dúvida o valor da vida espiritual da pessoa que não experimentasse uma crescente compaixão.

Mas a compaixão dos santos, por mais disposta que esteja a compartilhar e aliviar a miséria do próximo, é sempre suave, pacífica e reconfortante. É um fruto do Espírito Santo. No nosso caso, costuma ser inquieta e confusa.

Temos uma maneira de debruçar-nos sobre a dor alheia que nem sempre é a adequada, que às vezes procede mais do amor por nós mesmos do que de um amor verdadeiro pelo próximo. Pensamos que a nossa preocupação por alguém que passa dificuldades está plenamente justificada, que é uma prova do amor que sentimos por essa pessoa. Mas isso é falso. Geralmente, nessa atitude esconde-se um grande amor por nós mesmos. Não suportamos o sofrimento alheio porque tememos sofrer nós mesmos: também neste caso falta confiança em Deus.

É normal que nos sintamos profundamente afetados pelo sofrimento de um ser querido, mas se por esse motivo nos atormentamos ao ponto de chegarmos a perder a paz, isso significa que o nosso amor por essa pessoa não é plenamente espiritual, não é ainda um amor segundo Deus. Ainda é um amor demasiado humano e sem dúvida egoísta, insuficientemente baseado numa inquebrantável confiança em Deus.

Para que a compaixão seja verdadeiramente uma virtude cristã, deve proceder do amor (que consiste em desejar o bem da pessoa à luz de Deus e de acordo com os planos divinos) e não do temor (medo à dor, medo de perder alguma coisa). Na verdade, com excessiva frequência a nossa atitude perante os que sofrem à nossa volta está mais condicionada pelo temor do que fundada no amor.

Uma coisa é certa: Deus ama os que nos estão próximos mais e infinitamente melhor do que nós. Deseja que acreditemos nesse amor e que saibamos abandonar também nas suas mãos aqueles que amamos. E, com frequência, a ajuda que lhes prestemos será assim mais eficaz.

Os nossos irmãos e irmãs que sofrem precisam de ter à sua volta pessoas tranquilas, confiadas e alegres, que os ajudarão com maior eficácia do que as preocupadas e angustiadas. A nossa falsa compaixão não faz mais do que acrescentar uma tristeza a outra, uma decepção a outra, e não é uma fonte de paz e de esperança para os que padecem.

Gostaria de dar um exemplo concreto, de que fui testemunha recentemente. Tratava-se de uma mulher jovem que sofria de uma penosa depressão; os temores e angústias que lhe causava a doença impediam-na de sair sozinha da cidade. A sua mãe, desconsolada e em prantos, suplicava-me que rezasse pela sua cura. Assim o passei a fazer. Mas o que me surpreendeu foi que, quando um pouco mais tarde tive ocasião de falar com a jovem, notei que enfrentava o seu padecimento com grande paz. Disse-me: «Sou incapaz de rezar, mas a única coisa que não cesso de dizer a Jesus são as palavras do Salmo 22: *O Senhor é meu pastor, nada me falta*». Disse-me também que via os frutos positivos da sua doença, especialmente no seu pai, que, muito duro com ela em outras ocasiões, agora tinha mudado de atitude.

Tenho visto com frequência casos desse estilo: uma pessoa que passa por uma provação enfrenta-a melhor que aqueles que tem à sua volta, agitados e nervosos! Às vezes, multiplicam-se os pedidos de cura, ou ao menos de melhora, e procura-se obtê-la por todos os meios possíveis e imagináveis, esquecendo que, evidentemente, a mão de Deus está sobre a pessoa em questão. Não pretendo dizer que não seja necessário acompanhar os que sofrem, pedir a sua cura com uma oração perseverante e fazer tudo o que seja humana e espiritualmente possível para consegui-la; é evidente que temos de fazê-lo. Mas sempre em clima de abandono e confiança nas mãos de Deus.

Cristo está em todo aquele que sofre

A razão definitiva que nos ajudará a enfrentar o drama da dor é esta: que temos de tomar a sério o mistério da Encarnação e da Cruz. Jesus Cristo tomou a nossa carne, tomou realmente sobre si os nossos sofrimentos, e desse modo está em todo aquele que sofre.

No capítulo 25 do Evangelho de São Mateus sobre o Juízo Final, o Senhor diz aos que visitaram os doentes e os encarcerados: *O que fizestes a um destes irmãos mais pequenos, foi a mim que o fizestes.* Essas suas palavras ensinam-nos que «no entardecer da vida, seremos examinados sobre o amor» (São João da Cruz), e em especial sobre o amor pelos nossos irmãos necessitados. É uma chamada à compaixão. Por acaso essas palavras de Cristo não nos convidam também a reconhecer os seus traços, a sua presença em todos os que sofrem? Convidam-nos a recorrer a todas as nossas forças para aliviar esse sofrimento, mas também a pousar sobre ele um olhar de esperança. Em toda a dor há um germe de vida e de ressurreição, já que Jesus Cristo em pessoa está nela.

Se, perante uma pessoa que sofre, estamos realmente

convencidos de que é o Senhor quem sofre nela, que, com palavras de São Paulo, essa pessoa completa em si o que falta à paixão de Cristo, como desesperar diante desse sofrimento? Cristo não ressuscitou? Não é redentora a sua Paixão? *Não vos aflijais como esses outros que não têm esperança* (1 Tess 4, 13).

Os defeitos e as deficiências dos outros

Aludi à inquietação que nos causa qualquer mal que ameace ou atinja a nossa pessoa, ou as pessoas que nos são mais chegadas, como o motivo mais frequente da perda da paz interior.

A solução, como vimos, é o abandono nas mãos de Deus, que nos livra de todos os males ou que, se os permite, nos dá a força necessária para suportá-los e transformá-los em benefício próprio.

Esta resposta continua a ser válida para todas as demais causas que nos fazem perder a paz. Dizem respeito a casos particulares, mas convém falar delas porque, embora a única lei seja o abandono, na prática este assume formas diferentes conforme a origem dos nossos problemas e das nossas preocupações.

Costuma acontecer que perdemos a paz não porque um sofrimento nos afete ou nos ameace pessoalmente, mas porque afeta uma pessoa ou um grupo de pessoas. Uma mulher pode sentir-se preocupada porque o seu marido não leva caminho de converter-se, como ela tanto desejaria. Ou, mais simplesmente, irrita-nos que um parente não se comporte na vida diária como achamos que deveria comportar-se. Quanto nervosismo não provocam semelhantes situações!

A nossa reação deve ser a que já dissemos: fazer tudo o que nos ocorra para ajudar essas pessoas a melhorar, mas serena e tranquilamente, com confiança e abandono nas mãos de Deus, que saberá tirar proveito de tudo.

A este propósito, vale a pena deter-nos num princípio geral muito importante para a vida espiritual e para a quotidiana, e que além disso é o ponto em que habitualmente tropeçamos nos casos que acabamos de mencionar. Por outro lado, o seu campo de aplicação é muito mais vasto que o da paciência com os defeitos do próximo.

O princípio é este: não devemos somente desejar coisas boas em si mesmas, mas também desejá-las de um modo bom. Devemos estar atentos não apenas *àquilo* que queremos, mas também ao *modo* como o queremos. Com efeito, pecamos assim: desejamos uma coisa que é boa, ou até muito boa, mas *desejamo-la de um modo que é mau*. Tomemos um dos exemplos anteriores.

É normal que o superior de uma comunidade vele pela santidade dos que lhe foram confiados: é uma coisa excelente, que reflete a vontade de Deus. Mas se esse superior se aborrece, se irrita e perde a paz perante as imperfeições e o pouco fervor dos seus irmãos, ou com a sua demora em emendar-se, certamente não é o Espírito Santo que o inspira. Ora, essa é a tendência que nos domina muitas vezes: como a coisa que desejamos é boa, e até realmente querida por Deus, julgamo-nos justificados por esse desejo, e de tal modo que, se não se realiza, nos impacientamos e ficamos desgostosos[5].

Portanto, devemos verificar não só se as coisas que desejamos são boas em si mesmas, mas se é bom o nosso modo de querê-las e boas as disposições do nosso coração. Isto significa que o nosso querer deve continuar a ser sereno, pacífico e paciente, desprendido e abandonado em Deus. Não deve ser um querer precipitado, inquieto, irritadiço, etc.

Na vida espiritual, temos de precaver-nos também contra essa atitude defeituosa. Certamente não somos dos que querem coisas más, contrárias à vontade de Deus, mas a verdade é que ainda queremos as coisas boas de um modo que não é «o modo de Deus», isto é, do Espírito Santo, que é suave, pacífico e paciente. Queremo-las à maneira humana, com um querer tenso, precipitado, que se decepciona se não consegue imediatamente aquilo para que tende.

---

(5) O mesmo se aplica, como é evidente, a um pai de família, responsável pela saúde espiritual, moral e física dos filhos; ou ao ambiente de trabalho, em que um superior, em qualquer grau, tem responsabilidades para com os subordinados que vão além do mero desempenho ou produtividade no trabalho exigido friamente (N. do T.).

Todos os santos insistem em dizer-nos que devemos moderar os nossos desejos, mesmo os melhores, porque, caso contrário, a alma se perturba, perde a paz e estorva a ação de Deus nela e no próximo.

Isto aplica-se a tudo, mesmo à nossa própria santificação. Quantas vezes perdemos a paz porque nos parece que não nos santificamos rapidamente, que temos ainda muitos defeitos! E isso não faz mais do que atrasar as coisas. São Francisco de Sales chega a dizer que «nada atrasa tanto o progresso numa virtude como o desejo de adquiri-la com demasiada pressa». Voltaremos a isto daqui a pouco.

Para terminar, recordemos o seguinte: a prova de que estamos na verdade, de que os nossos desejos são segundo o Espírito Santo, não consiste apenas em que a coisa ansiada seja boa, mas também em que conservemos a paz. Um desejo que faça perder a paz, mesmo que a coisa desejada seja excelente em si, não é de Deus. Devemos desejar e querer, mas de um modo livre e desprendido, abandonando em Deus a realização desses desejos da forma que Ele queira e quando o quiser. É de grande importância educar o coração neste sentido, se queremos progredir espiritualmente. É Deus quem nos converte, quem nos faz crescer[6] – não a nossa agitação, a nossa precipitação ou a nossa inquietação.

---

(6) *O Reino de Deus é como um homem que lança a semente à terra. Dorme, levanta-se, de noite e de dia, e a semente brota e cresce, sem que ele o perceba* (Mc 4, 26-27; cfr. também 1 Cor 3, 6) (N. do T.).

Paciência com o próximo

Apliquemos o que acabamos de ver ao desejo que temos de que as pessoas que nos rodeiam melhorem de conduta. É um desejo que, como acabamos de ver, tem de ser sereno e que não nos altere, mesmo diante de comportamentos que consideramos errôneos ou injustos. Devemos fazer, sem dúvida, tudo o que esteja ao nosso alcance para ajudar essas pessoas, isto é, repreendê-las ou corrigi-las de acordo com as responsabilidades que tenhamos para com elas, mas façamo-lo num ambiente e num tom de carinho e de paz. E quando formos incapazes de conseguir algum resultado, permaneçamos tranquilos e deixemos Deus agir.

Quantas pessoas perdem a paz por pretenderem mudar a todo o custo aqueles que os rodeiam! Quantas pessoas casadas se alteram e se irritam porque quereriam que o seu cônjuge não tivesse este ou aquele defeito! O Senhor, porém, pede-nos que suportemos com paciência os defeitos do próximo.

Temos de raciocinar assim: se o Senhor não transformou ainda essa pessoa, se não eliminou dela esta ou aquela imperfeição, é porque a suporta como é! Espera com paciência o momento oportuno, e eu devo agir como Ele. Tenho de rezar e esperar pacientemente. Por que ser mais exigente e mais precipitado do que Deus? Por vezes, penso que a minha pressa se deve ao amor, mas Deus ama infinitamente mais do que eu e, no entanto, mostra-se menos impaciente. *Irmãos, tende paciência até a vinda do Senhor. Vede como o lavrador aguarda o precioso fruto da terra e o espera com paciência, até que caiam as chuvas do outono e as da primavera* (Ti 5, 7).

Esta paciência é tanto mais importante quanto a verdade é que opera em nós uma purificação indispensável. Embora desejemos o bem dos outros, esse desejo costuma estar misturado com uma procura de nós mesmos, da nossa própria vontade, dos nossos critérios pessoais, estreitos e limitados, aos quais nos aferramos e que queremos impor aos outros e, às vezes, ao próprio Deus. Devemos libertar-nos a qualquer preço dessa estreiteza de coração e de juízo, a fim de que se realize, não o bem que imaginamos, mas aquele que corresponde aos desígnios divinos, infinitamente mais amplos e belos.

Paciência com as nossas próprias faltas e imperfeições

Quem já tenha percorrido um trecho da vida espiritual e aprendido a confiar em Deus e a abandonar-se nas suas mãos no meio das dificuldades, corre ainda o risco de perder a paz e a tranquilidade da alma numa circunstância que o maligno aproveita para semear o desconcerto e o desânimo. Trata-se dos casos em que a pessoa ganha maior consciência da sua debilidade, das ocasiões em que, apesar de toda a sua boa vontade, torna a cometer uma falta ou a fraquejar e cair, num terreno ou noutro.

Também aqui é importante compreender que a tristeza, a inquietação e o desânimo que sentimos na alma depois de uma falta não são bons, e que, portanto, devemos fazer tudo o que estiver ao nosso alcance para permanecermos em paz.

Há um princípio fundamental que nos deve guiar sempre que experimentamos as nossas misérias e quedas: não é tanto questão de fazermos uns esforços sobre-humanos para eliminar *totalmente* os nossos defeitos e pecados (coisa que, em qualquer caso, está fora do nosso alcance!), mas de recuperarmos o mais cedo possível a paz, evitando a tristeza e o desalento.

Isto não significa resignação perante a nossa mediocridade: pelo contrário, é o meio de nos santificarmos mais depressa. Assim o demonstram numerosas razões.

A primeira é o princípio fundamental a que já aludimos em várias ocasiões: Deus atua na alma que está em paz. Não conseguiremos libertar-nos do pecado pelas nossas próprias forças; só a graça de Deus pode consegui-lo. Em vez de nos revoltarmos contra nós mesmos, será mais eficaz que permaneçamos em paz para deixar Deus agir.

A segunda é que isso compraz mais ao Senhor. O que é que lhe agrada mais? Quando depois de uma queda nos descoroçoamos e atormentamos, ou quando reagimos dizendo: «Senhor, peço-vos perdão, pequei outra vez, olhai o que sou capaz de fazer por mim mesmo!»? E prosseguimos: «Mas abandono-me com toda a confiança na vossa misericórdia e no vosso perdão, e dou-vos graças por não me terdes permitido pecar ainda mais gravemente. Abandono-me em Vós porque sei que, um dia, me curareis por fim. Enquanto não chega esse dia, peço-vos que a experiência das minhas misérias me faça mais humilde, mais afetuoso com os outros, mais consciente de que nada posso por mim mesmo, mas tenho de esperar tudo unicamente do vosso amor e da vossa misericórdia». A resposta à alternativa é evidente.

A terceira razão é que a angústia, a tristeza e o desalento que sentimos depois das nossas faltas e fracassos raramente são puros, não costumam dever-se apenas à dor de termos ofendido a Deus: neles mistura-se uma boa parte de orgulho. Sentimo-nos desalentados porque a imagem ideal que tínhamos de nós mesmos se viu brutalmente destruída, e essa dor excessiva é justamente a prova de que confiávamos nas nossas próprias forças, e não em Deus. Escutemos o que diz Lorenzo Scupoli, antes citado:

«Muitas vezes a alma presunçosa acredita ter adquirido a desconfiança de si mesma e a confiança em Deus, mas este é um erro que só se conhece bem no momento em que se cai no pecado, porque, então, se a alma se inquieta, se aflige, esmorece e perde a esperança de progredir no caminho da virtude, é um sinal evidente de que pôs sua confiança, não em Deus, mas em si mesma; e, se foi grande a sua tristeza e desespero, fica claro que confiava muito em si e pouco em Deus.

«Porque aquele que desconfia muito de si mesmo e confia muito em Deus, quando comete uma falta, não se perturba ou entristece, pois sabe que sua queda é um efeito natural da sua fraqueza e do pouco cuidado que teve em estabelecer a confiança em Deus; mais ainda, com essa experiência ele aprende a desconfiar mais das próprias forças e a confiar com maior humildade em Deus, detestando mais ainda as suas próprias faltas e as paixões desordenadas que a causaram e, então, com uma dor quieta e pacífica pela ofensa a Deus, volta aos seus exercícios de perfeição e persegue os seus inimigos com maior força e resolução do que antes. [...]

«É também uma ilusão muito comum considerar como virtude a fraqueza e a inquietude de espírito que se seguem ao cometimento do pecado, pensando tratar-se de uma dor legítima o que não passa de amor-próprio ferido, porque não se suporta ver frustrada a confiança que se tinha nas próprias forças. As almas presunçosas, por julgarem-se seguras na virtude, geralmente menosprezam os perigos e tentações, e, caso venham a cair em algum pecado ou ter alguma experiência de sua fragilidade e miséria, perturbam-se com essa queda como se fosse uma grande surpresa; vendo-se privadas do vão apoio no qual haviam confiado, perdem o ânimo e, sendo fracas e pusilânimes, deixam-se dominar pela tristeza e desespero.

«Essa desgraça não sobrevêm jamais às almas humildes, que nada presumem de si mesmas, mas se apoiam unicamente em Deus: quando caem em alguma falta, ainda que sintam grande dor por tê-la cometido, não se perturbam, porque, iluminadas pela luz da verdade, sabem que a queda é um efeito natural da sua inconstância e fraqueza»[7].

Deus pode tirar o bem até das nossas faltas

A quarta razão pela qual essa tristeza e esse desalento não são bons é que Deus pode tirar um bem das nossas próprias faltas, e portanto não vale a pena tomá-las tragicamente. Santa Teresa de Lisieux gostava muito desta frase de São João da Cruz: «O Amor sabe tirar proveito de tudo, tanto do bem como do mal que encontra em mim, e transformar nEle todas as coisas».

A nossa confiança em Deus deve chegar até esse ponto: até acreditar que Ele é suficientemente bom e poderoso para tirar proveito de *tudo*, incluídas as nossas faltas e infidelidades.

Quando Santo Agostinho cita a frase de São Paulo: *Tudo coopera para o bem dos que amam a Deus*, acrescenta: *etiam peccata* – «mesmo os pecados!»

É evidente que temos de batalhar energicamente

---

(7) Lorenzo Scupoli, *O combate espiritual*, 4ª ed., Cléofas, Lorena, 2015, págs. 27-29.

contra o pecado e lutar por corrigir as nossas imperfeições. Deus vomita da sua boca os tíbios e nada esfria tanto o amor como a resignação perante uma certa mediocridade. Quando cometemos um mal, temos de procurar repará-lo na medida do possível. Mas não devemos sentir-nos excessivamente desolados, porque, quando regressamos a Deus com um coração arrependido, Ele é capaz de fazer surgir desse mal um bem.

Grande é a misericórdia do Senhor, que emprega as nossas faltas em nosso benefício. Ruysbroek, um místico flamengo da Idade Média, diz assim: «Na sua clemência, o Senhor quis virar os nossos pecados contra eles mesmos e em nosso favor; encontrou o meio de fazer que nos sejam úteis. Que isto não diminua o nosso temor de pecar, nem a nossa dor por termos pecado. Mas os nossos pecados converteram-se para nós numa fonte de humildade».

Acrescentemos também que podem converter-se num manancial de ternura e misericórdia para com o próximo. Eu, que caio tão facilmente, posso permitir-me julgar o meu irmão? Como não ser misericordioso com ele da mesma maneira que o Senhor o foi comigo?

Portanto, depois de uma falta, seja qual for, em vez de ruminá-la afundados no desalento, devemos voltar-nos imediatamente para Deus e mesmo agradecer-lhe o bem que, na sua misericórdia, tirará dessa falta.

Temos de saber que uma das armas que o demónio costuma empregar para impedir o caminho das almas para Deus consiste precisamente em fazê-las perder a paz e levá-las ao desespero à vista das suas faltas.

É necessário que saibamos distinguir o autêntico arrependimento – que sempre é pacífico e traz consigo o verdadeiro desejo de nos corrigirmos – do falso, desses remorsos que nos perturbam e nos paralisam. Nem todas as censuras que brotam na nossa consciência são inspiradas pelo Espírito Santo! Algumas procedem do nosso orgulho ferido ou do demônio, e temos de aprender a discernir umas das outras. E a paz é um critério essencial para chegar a esse discernimento. O Espírito de Deus pode inspirar-nos sentimentos poderosos e profundos, mas nem por isso serão menos sossegados. Vejamos de novo o que diz Scupoli:

«Para manter o coração em perfeito sossego, é necessário também desprezar certos remorsos interiores que parecem vir de Deus – porque são reconvenções que a consciência nos dirige sobre autênticos defeitos –, mas que procedem do espírito maligno, como se pode observar pelas consequências. Se os remorsos de consciência servem para tornar-nos humildes, se nos fazem mais fervorosos na prática das boas obras, e se não diminuem um ápice a nossa confiança na misericórdia divina, temos de recebê-los com ações de graças e como favores do Céu. Mas se nos fazem decair o ânimo, e se nos tornam preguiçosos, tímidos ou lentos no cumprimento dos nossos deveres, temos de pensar que são sugestões do inimigo e devemos continuar a fazer as coisas como vínhamos fazendo, sem nos dignarmos escutá-las»[8].

Compreendamos o seguinte: para a pessoa de boa vontade, a gravidade do pecado não reside tanto na falta em si como no abatimento que provoca. Aquele que cai, mas se levanta imediatamente, não perdeu grande coisa; antes ganhou em humildade e em experiência da misericórdia divina. Perde mais quem permanece triste e abatido. A prova de que se progride espiritualmente não está tanto em não cair, mas em levantar-se rapidamente das quedas.

Que fazer depois que pecamos?

De tudo o que acabamos de ver, deduz-se uma regra de conduta muito importante para as ocasiões em que caímos em alguma falta. Certamente temos que sentir dor por termos pecado, pedir perdão a Deus e suplicar-lhe humildemente que nos conceda a graça de não o ofendermos assim, e fazer o propósito de nos confessarmos na primeira oportunidade. Tudo isto sem nos entristecermos nem desanimar, recuperando a paz o mais depressa possível, graças a considerações como as que vimos acima, e retomando a nossa vida espiritual normal como se não tivesse acontecido nada.

---

[8] Lorenzo Scupoli, *O combate espiritual*, 25.

Vejamos um exemplo, de grande relevância. Sob a confusão que nos invade ao cairmos numa falta, geralmente sentimos a tentação de descuidar a nossa vida de piedade, de abandonar, por exemplo, o nosso tempo habitual de oração pessoal. E encontramos boas desculpas para isso: «Como é que eu, que acabo de cair em pecado, que acabo de ofender o Senhor, vou apresentar-me diante dEle neste estado?» E às vezes passam-se vários dias antes de recuperarmos os nossos hábitos de oração. Mas isso é um grande erro: não é senão falsa humildade.

É imprescindível não alterarmos os nossos hábitos de oração, muito pelo contrário. Onde encontraremos a cura para as nossas faltas senão junto de Cristo? Os nossos pecados são um mau pretexto para nos afastarmos dEle, porque, quanto mais pecadores somos, mais temos necessidade de aproximar-nos dAquele que disse: *Não precisam de médico os sãos, mas os doentes* [...]. *Não vim chamar os justos, mas os pecadores* (Mt 9, 12-13).

Se esperamos ser justos para manter uma vida de oração habitual, pode ser que tenhamos de esperar muito tempo. Mas se nos dispusermos a apresentar-nos diante do Senhor na nossa condição de pecadores, receberemos a cura e pouco a pouco nos transformaremos em santos.

Temos de abandonar uma ilusão de sérias consequências: quereríamos apresentar-nos diante do Senhor unicamente quando estamos limpos e bem penteados, além de satisfeitos conosco próprios! Mas nessa atitude há muito de presunção. Afinal de contas, o que gostaríamos é de *não precisar da misericórdia divina*. Então, de que espécie é essa pseudo-santidade a que aspiramos, às vezes inconscientemente, que nos faria prescindir de Deus? A verdadeira santidade consiste em reconhecer sempre que dependemos exclusivamente da misericórdia divina.

Para concluir, citemos uma última passagem do *Combate espiritual* que nos remete a tudo o que vimos e que nos indica a linha de conduta que devemos seguir quando caímos numa falta:

«Quando vos sentirdes feridos, isto é, quando virdes que cometestes alguma falta, seja por mera fragilidade ou propositadamente e com malícia, não deveis entristecer-vos muito: não vos deixeis invadir pelo desgosto e pela inquietação, mas dirigi-vos *imediatamente* a Deus com humilde confiança: "Agora, ó meu Deus!, deixo ver o que sou, porque o que é que se podia esperar de uma criatura débil e cega como eu, senão erros e quedas?" Meditai um pouco neste ponto, a fim de vos recolherdes em vós mesmos e conceberdes uma viva dor pelas vossas faltas.

«Depois, sem vos angustiardes, dirigi a vossa cólera contra todas as paixões que vos dominam, especialmente contra a que causou o vosso pecado. "Senhor – direis –, eu teria cometido crimes ainda maiores se, pela vossa infinita bondade, não me tivésseis socorrido".

«A seguir, dai mil graças a esse Pai das misericórdias; amai-o mais que nunca, vendo que, longe de sentir-se magoado pela ofensa que acabais de fazer-lhe, vos estende de novo a mão para que não caiais de novo em alguma desordem semelhante.

«Por fim, cheios de confiança, dizei-lhe: "Mostrai o que sois, ó meu Deus! Fazei sentir a vossa divina misericórdia a um humilde pecador; perdoai todas as minhas ofensas; não permitais que me separe, que me afaste nem um pouco de Vós. Fortalecei-me com a vossa graça de tal modo que não vos ofenda nunca mais".

«Não vos dediqueis a pensar se Deus vos perdoou ou não: isso significa querer preocupar-vos em vão e perder o tempo; nessa atitude há muito orgulho e cilada do demônio, que, por meio dessas inquietações da alma, procura prejudicar-vos e atormentar-vos.

«Abandonai-vos, pois, na misericórdia divina e continuai as vossas práticas de piedade com a mesma tranquilidade de quem não cometeu falta alguma. Mesmo que tenhais ofendido a Deus várias vezes num só dia, não percais nunca a confiança nEle. Praticai o que vos digo da segunda, da terceira vez, como da primeira...

«Este modo de lutar é o que o demônio mais teme, porque sabe que agrada muito a Deus, e porque ver que é dominado por aquele mesmo a quem venceu facilmente em outras contendas, causa-lhe sempre um grande desconcerto».

Antes de terminarmos este ponto, acrescentemos um comentário: não há dúvida de que é perigoso fazer o mal e de que devemos esforçar-nos ao máximo por evitá-lo. Mas reconheçamos que, tal como somos, mais perigoso seria que não fizéssemos senão o bem.

Com efeito, marcados pelo pecado original, estamos tão radicalmente inclinados à soberba que nos é difícil, e mesmo inevitável, fazermos algum bem sem nos apropriarmos dele, sem o atribuirmos, ao menos em parte, às nossas aptidões, aos nossos méritos e à nossa santidade! Se o Senhor não permitisse que de vez em quando cometêssemos erros, correríamos um perigo enorme! Cairíamos imediatamente na autossuficiência, no desprezo pelo próximo, e nos esqueceríamos de que tudo nos vem de Deus gratuitamente.

E não há nada que impeça o amor verdadeiro tanto como essa soberba. Para nos preservar desse grande mal, Deus permite vez por outra um mal menor, como o de cairmos em algum defeito. E devemos dar-lhe graças por isso, porque, sem esse parapeito, correríamos um grande perigo de perder-nos.

A inquietação que nos invade quando temos de tomar decisões

Uma última razão de que percamos a paz com frequência é a incerteza, o desconcerto que nos provoca termos de tomar uma decisão que não vemos com clareza. Temos medo de enganar-nos e de, em última instância, não cumprir a vontade de Deus.

As circunstâncias deste gênero podem ser bastante penosas, e alguns dilemas extremamente angustiantes. Nessas situações de incerteza, ser-nos-á especialmente valiosa a atitude geral de abandono e confiança de que já falamos, essa entrega de todas as coisas nas mãos de Deus, que nos impedirá de «dramatizar» mesmo as consequências que uma solução desacertada possa ter.

Não obstante, gostaria de fazer algumas reflexões que possam ser úteis para conservarmos a paz interior quando temos que tomar decisões.

A primeira coisa que devemos dizer (e sempre na linha do que expusemos até agora) é que, diante de uma decisão importante, um dos defeitos que temos de evitar é logicamente o da precipitação. É necessária uma certa pausa para ponderar bem as coisas e deixar que o nosso coração se oriente com paz e serenidade para a solução correta. São Vicente de Paulo tomava as decisões depois de maduras reflexões (e sobretudo de oração!), a tal ponto que alguns dos que o rodeavam lhe censuravam a sua excessiva lentidão. Mas a árvore julga-se pelos frutos![9]

Antes de adotar uma solução, é preciso fazer tudo o que é necessário para ver com clareza, e não decidir de modo precipitado ou arbitrário: analisar a situação e os seus diversos aspectos; estudar os motivos que nos

---

(9) Cf. Mt 12, 33 (N. do T.).

fazem pender para uma solução ou outra, a fim de assegurarmos a pureza de intenção e do coração; rezar pedindo ao Espírito Santo a luz e a graça de agir segundo a vontade de Deus; e, por último, pedir eventualmente o conselho de pessoas que possam iluminar-nos na nossa decisão.

Neste sentido, temos de saber que, sobretudo na vida espiritual, é normal que nos encontremos perante situações em que não poderemos obter luz por nós mesmos, e em que seremos incapazes de decidir em paz se não recorremos a um guia espiritual. O Senhor não deseja que sejamos autossuficientes e, como parte da sua pedagogia, permite que às vezes só possamos alcançar luz e paz através de outra pessoa com a qual nos abramos. É uma atitude humilde e confiante que agrada muito a Deus e desmonta as ciladas que o inimigo nos estende para nos confundir. Santo Afonso Maria de Ligório era um diretor de almas excepcional, mas, no que dizia respeito à sua própria vida interior, costumava ser incapaz de orientar-se sem a ajuda da pessoa a quem se confiava e a cujos conselhos obedecia.

De qualquer modo, é importante saber uma coisa: apesar de todas as precauções – oração, reflexão, pedido de conselho... –, nem sempre obteremos de um modo claro e evidente a luz de que precisamos. Nem sempre teremos a resposta quando perguntarmos: que devo fazer, qual é a vontade do Senhor?

Haverá ocasiões em que, se tivermos feito um esforço de discernimento e de procura da vontade de Deus, o Senhor nos falará por diversas vias e nos fará compreender claramente qual deve ser o nosso modo de agir. Mas pode acontecer que o Senhor não nos responda. Isso é completamente normal! São ocasiões em que o Senhor simplesmente nos deixa livres, ou em que tem os seus motivos para não se manifestar.

É bom saber isto, pois costuma haver pessoas que – pelo receio de enganar-se, de não cumprir a vontade de Deus –, tratam a todo o custo de obter a resposta: multiplicam as reflexões, as súplicas, abrem dez vezes a Bíblia para encontrar no texto sagrado a luz desejada. E tudo isso as inquieta e aflige ainda mais, sem no entanto permitir--lhes ver com maior clareza: têm um texto, mas não sabem como interpretá-lo.

Se o Senhor nos deixa assim, no meio da incerteza, devemos aceitá-lo com toda a tranquilidade. Mais do que querer «forçar as coisas» e atormentar-nos por não encontrar uma resposta clara, é preciso seguir o princípio que nos dá a Madre Faustina:

«Quando não se sabe o que é melhor, deve-se refletir, estudar e pedir conselho. Mas se, apesar disso, a incerteza continua, é preciso dizer: "Faça o que fizer, será acertado, porque procuro fazer o bem". O que nós consideramos bom, Deus o aceita e considera bom. Não nos entristeçamos se, passado algum tempo, vemos que essas coisas não são boas. Deus olha para a intenção com que começamos e conceder-nos

-á a recompensa de acordo com essa intenção. É um princípio que devemos seguir»[10].

Assim como existem uma falsa humildade e uma falsa compaixão, poderíamos dizer, a respeito das nossas decisões, que existe uma «falsa obediência» a Deus: quereríamos ter sempre a plena certeza de seguirmos a vontade de Deus em todas as nossas decisões e de nunca nos enganarmos. Mas há nessa atitude alguma coisa que não é correta. Por diversos motivos.

Por um lado, esse desejo de saber o que Deus quer esconde às vezes a dificuldade que experimentamos em suportar uma situação de incerteza: quereríamos ser dispensados de ter que decidir por nós mesmos. Ora, a vontade de Deus costuma ser a de que saibamos tomar uma decisão, mesmo que não estejamos absolutamente seguros de ser a melhor.

Com efeito, na capacidade de decidir no meio da incerteza, fazendo o que julgamos ser melhor e sem passar horas e dias remoendo o assunto, existe também uma atitude de confiança e abandono: «Senhor, refleti e rezei para conhecer a vossa vontade; não a vejo com muita clareza, mas não me inquieto, e não vou passar horas e horas dando voltas ao assunto: tomo esta decisão porque, bem estudada, me parece ser o melhor que posso fazer. E deixo tudo nas vossas mãos. Sei muito bem que, mesmo que me engane, Vós não ficareis abor-

---

(10) Santa Maria Faustina Kowalska, *Diário: a misericórdia divina na minha alma*, 41ª ed., Apostolado da Divina Misericórdia, Curitiba, 2015, n. 799.

recido comigo, porque me decidi com reta intenção; e se me enganei, sei que sabereis tirar um bem deste meu erro. Será para mim uma fonte de humildade e dele tirarei alguma lição». E fico tranquilo...

Por outro lado, gostaríamos de ser infalíveis, de nunca nos enganarmos, mas nesse desejo há muito de orgulho, além do temor de nos vermos julgados pelos outros. Já quem aceita serenamente os seus frequentes desacertos, e que os outros os notem, manifesta uma autêntica humildade e um verdadeiro amor de Deus.

Também não devemos ter uma falsa ideia do que Deus exige de nós. Ele é um Pai bom e compassivo que conhece as doenças dos seus filhos e a limitação dos seus juízos. Pede-nos boa vontade, pureza de intenção, mas de maneira nenhuma nos exige que sejamos infalíveis nem que as nossas decisões sejam as mais perfeitas! Aliás, se todas as nossas decisões fossem perfeitas, isso nos traria muito mais mal que bem. Não demoraríamos a considerar-nos super-homens.

Para terminar, o Senhor ama mais quem sabe decidir sem afligir-se demasiado, ainda que se sinta inseguro, e que se abandona confiadamente nEle com todas as suas consequências, do que um outro que se tortura indefinidamente querendo saber o que é que Deus espera dele, e que jamais se decide. Porque na primeira atitude há mais confiança e, portanto, mais amor do que na segunda. Deus ama os que caminham com liberdade de espírito e não se entretêm demasiado em pormenores mínimos. O perfeccionismo tem muito pouco a ver com a santidade...

É importante também sabermos distinguir os casos em que é necessário contar com tempo suficiente para discernir e decidir – por exemplo, quando as decisões afetam o conjunto da nossa vida –, dos casos em que seria insensato e contrário à vontade de Deus deixar passar demasiado tempo e tomar demasiadas precauções antes de decidir, quando não há muita diferença entre uma decisão e outra. Como diz São Francisco de Sales, «se é normal pesar os lingotes de ouro, já quando se trata de moedas pequenas limitamo-nos a fazer um cálculo rápido». O demônio, sempre desejoso de intranquilizar-nos, faz com que nos perguntemos, perante a menor decisão, se agindo de um modo ou de outro obedecemos à vontade do Senhor, e suscita em nós inquietação, escrúpulos e remorsos de consciência por coisas que realmente não valem a pena.

Devemos ter o desejo profundo e constante de obedecer a Deus. Mas esse desejo será fruto do Espírito Santo se for acompanhado de paz, de liberdade interior e de confiança, não quando for uma espécie de angústia que paralisa a consciência e impede de tomar uma decisão livre.

É verdade que o Senhor pode permitir que passemos por momentos em que o desejo de obedecer nos cause um autêntico tormento. Dá-se também o caso de pessoas escrupulosas por temperamento: é uma prova extremamente dolorosa da qual o Senhor nem sempre as livra totalmente nesta vida.

Habitualmente, devemos esforçar-nos, pois, por caminhar com paz e liberdade interior. Não podemos «deixar-nos enganar» pela astúcia do demônio, que se serve do nosso desejo de cumprir a vontade de Deus para nos intranquilizar. Quando uma pessoa está afastada de Deus, o Adversário procura tentá-la e atraí-la para o mal. Mas se está próxima de Deus, se o ama, nada deseja tanto como agradar-lhe e obedecer-lhe, mesmo que o demônio a tente por meio do mal e ainda mais por meio do bem.

Isto significa que pode apresentar-nos o bem que temos de realizar como algo superior às nossas forças atuais, ou que não é o que Deus nos pede. Ou pode querer persuadir-nos de que não fazemos o suficiente, de que a decisão tomada não se inspira realmente no amor de Deus, de que nos falta espírito de sacrifício, etc. Em qualquer desses casos, devemos ignorar essas preocupações e lançar-nos pura e simplesmente nos braços de Deus, como crianças pequenas.

A propósito deste espírito de liberdade que deve inspirar todas as nossas ações e decisões, escutemos por último o que diz São Francisco de Sales:

«Tende o coração aberto e sempre colocado na Divina Providência, tanto nas coisas pequenas como nas grandes, e procurai cada vez mais que o espírito de calma e tranquilidade inunde o vosso coração»[11].

«Tenho-vos dito com frequência que não convém prender-se a demasiadas minúcias no exercício das virtudes, mas que se deve ir a elas prontamente, francamente, ingenuamente, "a Deus e à ventura", com liberdade, com boa fé, sem enredar-se em picuinhas. Eu temo as almas raquíticas e sombrias. Desejo que, no caminho para Nosso Senhor, mostreis um coração grande e generoso»[12].

O caminho real do amor

Em última análise, por que este modo de avançar – baseado na paz, na liberdade, no confiado abandono em Deus, na aceitação serena das mazelas e mesmo das quedas pessoais – é o caminho aconselhável? Por que esse caminho é mais acertado do que procurar a vontade de Deus no meio da preocupação, dos escrúpulos, de um desejo tenso e inquieto de perfeição nas decisões?

A razão é esta: *a única perfeição verdadeira é a do amor*. Há mais amor de Deus no primeiro modo de proceder do que no segundo. A Madre Faustina dizia: «Quando não sei o que fazer, pergunto ao amor. É o

---

(11) São Francisco de Sales, *Carta* a Mme. de la Flechère, 13 de maio de 1609. Todas as citações de São Francisco de Sales foram tiradas de *Oeuvres complètes*, Mosteiro da Visitação, Annecy, 1892-1964.
(12) São Francisco de Sales, *Carta* a Mme. de Chantal, 1 de novembro de 1604.

melhor conselheiro». O Senhor chama-nos à perfeição: *Sede perfeitos como meu Pai celestial é perfeito* (Mt 5, 48). Porém, segundo o Evangelho, não é mais perfeito aquele que se comporta de um modo irrepreensível, mas aquele que ama mais.

A conduta mais perfeita não é a daquele que imagina a perfeição como um comportamento impecável e sem mancha, mas a daquele que tem um amor mais desinteressado por Deus, livre da busca orgulhosa de si mesmo. Quem aceita ser fraco, pequeno, quem aceita cair com frequência, não ser nada aos seus próprios olhos e aos dos outros, sabendo que o seu amor é infinitamente mais importante e tem muito maior peso do que as suas faltas e imperfeições, esse ama mais do que aquele cuja ânsia de perfeição o empurra para o desassossego.

Bem-aventurados os pobres em espírito, porque deles é o reino dos céus (Mt 5, 3): bem-aventurados os que, iluminados pelo Espírito Santo, aprenderam a não fazer da sua condição de pobreza um drama, mas a aceitá-la com alegria, porque não põem a sua esperança em si próprios, mas em Deus. Deus será a sua riqueza, a sua perfeição, os seus desejos... Bem-aventurados os que sabem amar a pobreza da sua condição, porque dão a Deus uma ocasião maravilhosa de manifestar a imensidade do seu Amor e da sua Misericórdia. Alcançaremos a santidade no dia em que a nossa impotência e o nosso nada não forem para nós um motivo de tristeza e inquietação, mas de paz e alegria.

Este caminho da pobreza, que é também o caminho do amor, é o mais eficaz para nos fazer crescer, para nos ajudar a adquirir progressivamente todas as virtudes e para nos purificar das nossas faltas. Só o amor é fonte de crescimento, só ele é fecundo, só ele purifica profundamente do pecado: «O fogo do amor purifica mais que o fogo do purgatório», dizia Teresa de Lisieux.

Este caminho de aceitação gozosa não é de maneira nenhuma uma resignação perante a mediocridade. Não é uma abdicação dos nossos desejos de perfeição, mas a via mais rápida e segura de alcançá-la, porque gera em nós umas disposições de humildade e confiança que nos põem plenamente nas mãos de Deus. E então a graça divina passa a poder agir e conduzir-nos, por pura misericórdia, a essa perfeição que em hipótese alguma poderíamos alcançar pelas nossas próprias forças.

Alguns conselhos a modo de conclusão

Procuremos, pois, pôr em prática tudo o que vimos, com paciência e sobretudo sem desanimar se não o conseguimos completamente. Pode-se dizer, numa fórmula um pouco paradoxal, que não devemos perder a paz sobretudo quando não conseguimos permanecer em paz tanto como quereríamos. A nossa reeducação é lenta, e precisamos de muita paciência conosco próprios.

Portanto, princípio fundamental: «Não desanimarei nunca!». É novamente uma frase de Santa Teresinha, que é o modelo acabado do espírito que nos propusemos descrever nestas páginas. E recordemos também uma frase da grande Santa Teresa de Ávila: «A paciência tudo alcança».

Outro princípio prático é este: se não sou capaz de fazer coisas grandes, não fico descoroçoado, porque faço as pequenas! Por vezes, sentindo-nos incapazes de fazer coisas grandes, de realizar atos heroicos, desprezamos as coisas pequenas que estão ao nosso alcance, e que, no entanto, são extraordinariamente fecundas para o progresso espiritual e fonte de grande alegria: *Servo bom e fiel, porque foste fiel no pouco, eu te confiarei o muito: entra no gozo do teu Senhor* (Mt 25, 21).

Se o Senhor nos vê fiéis e perseverantes nos nossos pequenos esforços por levar à prática o que espera de nós, Ele próprio intervirá e nos colocará num nível mais alto. Consequência: – Não sou capaz de conservar a paz nas circunstâncias difíceis? Pois bem, começarei por conservá-la nas situações mais simples de todos os dias. Desempenharei as minhas tarefas quotidianas sem nervos e com serenidade, esforçando-me por fazer bem cada coisa no momento presente, sem me preocupar com o seguinte. Falarei com os que me rodeiam em tom suave e sossegado, e evitarei a precipitação nos meus gestos e movimentos, até no modo de subir as escadas! Os primeiros degraus da escada da santidade podem muito bem ser os da minha casa! A alma reeduca-se frequentemente por meio do corpo! As coisas pequenas, feitas por amor e para agradar a Deus, são extremamente proveitosas para nos fazer crescer: esse foi um dos segredos da santidade de Teresa de Lisieux.

E se perseverarmos assim na oração e nesses gestos pequenos da nossa colaboração com a graça, poderemos viver as palavras de São Paulo:

> *Não vos inquieteis por nada! Em todas as circunstâncias, apresentai a Deus as vossas preocupações, por meio da oração e das súplicas, acompanhadas de ações de graças. E a paz de Deus, que excede toda a inteligência, guardará os vossos corações e os vossos pensamentos em Cristo Jesus* (Fil 4, 6-7).

E nada nos poderá arrebatar essa paz.

O que nos dizem os santos

JUAN DE BONILLA

Franciscano espanhol do séc. XVI, autor de um esplêndido tratado sobre a paz da alma[13].

A paz, caminho para a perfeição

A experiência demonstrar-vos-á que a paz, que inundará a vossa alma com a caridade, com o amor a Deus e ao próximo, é o caminho reto para a vida eterna. Cuidai de não deixar que o vosso coração se perturbe, se entristeça, se comova ou se misture com o que poderia causar-lhe inquietação. Trabalhai sempre por mantê-lo tranquilo, pois o Senhor diz: *Bem-aventurados os pacíficos*. Fazei assim e o Senhor edificará na vossa alma a cidade da paz e fará de vós a mansão de delícias. O que Ele deseja de vós é unicamente que, sempre que

---

(13) Juan de Bonilla, *Tratado em que se declara quão necessária é a paz*, Alcalá, 1580.

vos perturbeis, recupereis a vossa calma, a vossa paz, em vós mesmos, nas vossas obras, nos vossos pensamentos e nos vossos movimentos sem exceção.

Assim como não se constrói uma cidade num dia, não procureis alcançar num dia essa paz, esse sossego, pois se trata de edificar uma morada para Deus e de vos converterdes no seu templo. E quem tem de construir é o próprio Deus: sem Ele, o vosso trabalho seria inexistente.

Considerai, por outro lado, que este edifício tem por alicerce a humildade.

Ter a alma livre e desprendida

Que a vossa vontade esteja sempre preparada para qualquer eventualidade. E que o vosso coração não se deixe escravizar por nada. Quando experimentardes algum desejo, fazei-o de um modo que não vos permita sofrer em caso de fracasso: mantende o espírito tão tranquilo como se não tivésseis desejado coisa alguma. A verdadeira liberdade consiste em não apegar-se a nada. Se estiverdes desprendidos deste modo, Deus procurará a vossa alma para realizar nela coisas grandiosas.

SÃO FRANCISCO DE SALES
1567-1622
Bispo de Genebra e fundador do mosteiro da Visitação.

Deus é o Deus da paz

Como o amor só habita na paz, cuidai de conservar a santa tranquilidade de coração que vos recomendo com tanta frequência.

Todos os pensamentos que nos causam inquietação e agitação da alma não são de nenhuma maneira de Deus, que é o Príncipe da Paz. São tentações do inimigo e, por conseguinte, é preciso rejeitá-los e não tomá-los em consideração.

Sobretudo, é necessário viver pacificamente. Mesmo que nos chegue a dor, interior ou exterior, temos de recebê-la pacificamente. Se nos chega a alegria, temos de recebê-la pacificamente, sem estremecer de júbilo. É preciso fugir do mal? Temos de fazê-lo pacificamente, sem nos preocuparmos, porque, de outro modo, ao fugir poderíamos cair e proporcionar ao inimigo o prazer de matar-nos. É preciso fazer o bem? Temos de fazê-lo pacificamente, porque, se nos agitássemos, cometeríamos numerosas faltas. É preciso viver pacificamente até a mortificação[14].

Como conseguir a paz

Façamos três coisas, queridíssima filha, e conseguiremos a paz: ter a completa e pura intenção de procurar em todas as coisas a honra de Deus e a sua glória; fazer o pouco que possamos seguindo os conselhos do nosso pai espiritual; deixar que Deus se encarregue do resto.

Por que se angustia quem tem em Deus o objeto das suas intenções e faz o que pode? Que há de temer? Não, não, Deus não é tão terrível com aqueles que ama; contenta-se com pouco porque sabe muito bem que não temos muito. Sabei, querida filha, que na Sagrada Escritura o Senhor recebe o nome de Príncipe da Paz, e que, portanto, onde é o dono absoluto, reina a paz.

É verdade que, antes de instaurar a paz num lugar, temos de lutar, separar o coração e a alma dos afetos mais caros, familiares e normais, quer dizer, do amor desmedido por nós mesmos, da complacência em nós mesmos e de outros afetos semelhantes.

Quando o Senhor nos separa dessas paixões tão

---

(14) São Francisco de Sales, *Carta* à Abadessa de Puy d'Orbe.

amáveis e queridas, parece que nos destrói o coração, e surgem sentimentos de amargura; a alma debate-se até quase não poder mais, pois essa separação é dolorosa. Mas toda essa luta da alma é pacífica, porque, em última instância, ainda que essa aflição nos esmague, nem por isso deixamos de depositar a nossa vontade submissa na de Nosso Senhor, e ali a mantemos, cravada nesse desejo divino, sem abandonar as nossas obrigações, mas realizando-as animosamente[15].

Paz e humildade

A paz nasce da humildade.

Nada nos altera tanto como o amor próprio e a estima que temos por nós mesmos. Se não é assim, que significa o fato de nos surpreendermos, de nos sentirmos confusos e impacientes quando caímos nalguma imperfeição ou em algum pecado? Pensávamos, sem dúvida, que éramos bons, firmes e sólidos; e quando verificamos que não há nada disso e damos com a cara no chão, sentimo-nos enganados e, em consequência, alterados, ofendidos e inquietos. Se soubéssemos bem quem somos, em vez de nos sentirmos surpreendidos por ver-nos no chão, surpreender-nos-íamos de podermos permanecer em pé.

---

(15) *Ibidem.*

Tudo coopera para o bem dos que amam a Deus

Tudo coopera para o bem dos que amam a Deus. E, na verdade, se Deus pode e sabe tirar o bem do mal, por quem o faria, senão por aqueles que se entregaram a Ele sem reservas? Sim, mesmo os pecados, dos quais Deus na sua bondade nos defende, contribuem para o bem dos seus. Davi nunca teria sido tão humilde se não tivesse pecado, nem Madalena teria amado tanto o seu Salvador se Ele não lhe tivesse perdoado tantos pecados, e nunca lhos teria perdoado se ela não os tivesse cometido.

Vede, querida filha, esse grande fazedor de misericórdia: converte as nossas misérias em graça e, da peçonha das nossas iniquidades, fabrica o remédio que cura a nossa alma.

Dizei-me, suplico-vos, que bem não tirará das nossas penas, dos nossos trabalhos, das perseguições que sofremos? Se, pois, vos afeta de vez em quando algum desgosto, seja de que gênero for, assegurai à vossa alma que, se ama a Deus, tudo se converterá em bem. E ainda que não vejais os caminhos pelos quais vos há de chegar esse bem, tende a completa certeza de que chegará. Se Deus permite que vos atirem aos olhos o barro da ignomínia, é para vos dar uma vista magnífica e oferecer-vos um espetáculo de gala. Se Deus permite que caiais, como atirou São Paulo por terra, é para vos elevar até a sua glória.

Confiança na Divina Providência

A medida da Divina Providência em nós é a confiança que temos nela.

Não prevejais os acidentes desta vida com temor, mas prevede-os no meio de uma profunda esperança, pois Deus, a quem pertenceis, vos livrará deles à medida que se apresentarem. Ele vos guardou até este momento; mantende-vos com firmeza nas suas mãos, e Ele vos assistirá em todas as ocasiões e, quando não puderdes caminhar, vos carregará.

Que haveis de temer, querida filha, se sois de Deus e Ele nos garantiu firmemente que tudo contribui para o bem dos que o amam? Não penseis no que há de acontecer amanhã, pois o mesmo Pai Eterno que cuida de vós hoje cuidará de vós amanhã e sempre. Não vos enviará mal algum, e, se o fizer, dar-vos-á uma coragem invencível para suportá-lo.

Permanecei em paz, querida filha, arrancai da vossa imaginação o que possa angustiar-vos e dizei com frequência a Nosso Senhor: «Ó Deus! Vós sois o meu Deus e eu confiarei em Vós; ajudar-me-eis e sereis o meu refúgio, e não temerei nada, pois não somente estais comigo, mas estais em mim e eu em Vós». Que pode temer um filho nos braços de semelhante Pai? Sede, pois, criança, querida filha, e, como sabeis, as crianças não pensam tanto nos seus assuntos porque têm quem pense por elas, e são suficientemente fortes se permanecem com seu pai. Fazei assim, querida filha, e estareis em paz.

Evitar a precipitação

É preciso tratar dos assuntos cuidadosamente, mas sem pressas nem preocupação.

Não vos lanceis às vossas tarefas com açodamento, pois qualquer espécie de precipitação obscurece a razão e o juízo, e impede de fazer bem as coisas que empreendemos. [...].

Quando Nosso Senhor repreende Marta, diz-lhe: *Marta, Marta, preocupas-te e inquietas-te com muitas coisas.* Vede: se ela tivesse sido simplesmente cuidadosa, não se teria alterado, mas como estava preocupada e inquieta, apressava-se e angustiava-se, e por isso o Senhor a repreendeu.

Um trabalho que se realiza com ímpeto e precipitação nunca será bem feito... Recebei, pois, serenamente as ocupações que cheguem e procurai desempenhá-las com ordem, uma após a outra.

Paz perante os nossos defeitos

É preciso aborrecer os defeitos próprios, mas com um aborrecimento tranquilo e pacífico, não com um ódio despeitado e inquieto. É preciso ter paciência quando os descobrimos e tirar o proveito de um santo desprezo por nós mesmos. Se não for assim, minha filha, as vossas imperfeições, que vedes sutilmente, hão de inquietar-vos ainda mais sutilmente, e é por isso que persistem, pois não há nada que conserve mais as nossas faltas que a inquietação e a pressa por arrancá-las.

Suavidade e paz no zelo pelos outros

A uma mestra de noviças:

Ó minha filha! Deus acaba de conceder-vos a grande misericórdia de ter posto no vosso coração o dom gratuito de ajudar o próximo, e de ter derramado santamente no vinho do vosso zelo o bálsamo da suavidade do vosso coração para com os outros... Era a única coisa que vos faltava, querida filha: o vosso zelo era muito bom, mas tinha o defeito de ser um pouco amargo, um pouco impetuoso, um pouco inquieto, um pouco susceptível. Ora bem, vede-o agora purificado de tudo isso: daqui por diante, será doce, benigno, gratuito, pacífico e tolerante.

Por último, aceitar sem inquietação que nem sempre se consiga manter a paz

Cuidai, minha filha, de conservar em paz o vosso coração, pela igualdade de ânimo. Eu não digo: «Conservai-o em paz», mas «procurai conservá-lo». Seja essa a vossa preocupação, e guardai-vos bem de angustiar--vos quando não puderdes acalmar imediatamente as variações do vosso ânimo.

SANTA TERESA DE JESUS
1515-1582

Verdadeira e falsa humildade

Guardai-vos também, minhas filhas, de umas humildades que o demônio põe, com grande inquietação, acerca da gravidade dos nossos pecados. Costuma apertar aqui de muitas maneiras, até nos afastar de comungar e de ter oração particular (assim o faz o demônio para não o merecermos); e, quando se aproximam do Santíssimo Sacramento, [preocupam-se de averiguar] se se prepararam bem ou não, e nisso lhes vai o tempo que tinham para receber mercês. A coisa chega a tal ponto que uma alma acha que, por ser tal, Deus a deixou tão abandonada que quase põe em dúvida a sua misericórdia. Tudo aquilo em que se ocupa parece-lhe um perigo, e sem fruto os serviços que faz, por bons que sejam. Dá-lhe uma desconfiança que a faz ficar de braços caídos para fazer qualquer bem, porque acha que o que é um bem nos outros, nela é um mal.

A humildade, por maior que seja, não inquieta, nem desassossega, nem alvoroça a alma. Antes vem com paz e deleite e sossego. Ainda que a alma, por ver-se ruim, entenda claramente que merece estar no inferno e se aflija e lhe pareça com justiça que todos a deviam detestar, e quase não ouse pedir misericórdia, se for boa a humildade, esta pena vem com tal suavidade e contentamento que não quereríamos ver-nos sem ela. Não alvoroça nem aperta a alma, antes a dilata e a faz hábil para servir mais a Deus. Essa outra pena turva tudo, alvoroça tudo, revolve a alma toda. É muito penosa. Acho que o demônio pretende que pensemos que temos humildade, e, se pudesse, às vezes, que desconfiemos de Deus[16].

---

(16) Santa Teresa de Jesus, *Caminho de perfeição*, 39.

MARIA DA ENCARNAÇÃO

1566-1618

Beatificada em 1791; mãe de família e depois religiosa carmelita, fundou o Carmelo na França.

Abandono na vontade de Deus

Se, lançando um olhar ao nosso interior, pudéssemos ver o que há de bondade e de misericórdia nos planos de Deus para cada um de nós, a nossa felicidade, mesmo naquilo que chamamos desgraças, desgostos ou penas, consistiria em lançar-nos nos braços da Vontade divina, com o abandono de uma criança que se lança nos braços de sua mãe. Trabalharíamos em todas as coisas com a intenção de agradar a Deus, e depois ficaríamos num santo repouso, convencidos de que Deus é nosso Pai e de que deseja a nossa salvação mais do que nós a desejamos.

FRANÇOIS-MARIE LIBERMANN
1802-1852
Hebreu converso, fundador da Congregação do Espírito Santo. Passagens das suas cartas de direção espiritual[17].

A paz, reinado de Jesus Cristo na alma

Os grandes meios de instaurar em nós o reino admirável de Jesus Cristo são concretamente o espírito de oração contínua e a paz da alma.

Recordai sem cessar e fixai solidamente na alma e no coração esta verdade: o maior meio e mesmo o meio infalível de conseguir essa oração contínua é manter a alma em paz diante de Nosso Senhor.

Concentrai a atenção nesta frase: manter a alma em paz; é um termo empregado pelo nosso divino Mestre. É necessário que tenhais a alma recolhida em si

---
(17) L.Vogel, *Lettres du Vénérable Père Libermann*, DDB, Paris, 1964.

mesma, ou melhor, que Jesus Cristo more nela. Não aprisionada e como que encerrada por trás de barras de ferro, mas num doce repouso, entregue a Jesus que a tem em seus braços.

O esforço e a desconfiança enclausuram a alma, ao passo que um suave descanso, uma maneira serena de agir e uma disposição interior repousada, ponderada e tranquila, a dilatam.

A paz, condição da docilidade ao Espírito Santo

A nossa alma, sacudida e alterada pelas suas próprias potências, girando continuamente para a direita e para a esquerda, não pode deixar-se levar até o Espírito Santo... A alma encontrará no Espírito de Nosso Senhor a sua força, riqueza e plena perfeição, sempre que deseje abandonar-se à sua direção. Mas se desobedecer e quiser agir por ela mesma e nela mesma, só encontrará angústia, miséria e a impotência mais profunda [...]. Devemos aspirar a essa paz e a essa moderação interior para podermos viver somente em Deus, mas há de ser sempre no meio da doçura e da submissão, e procurando abstrair continuamente das nossas pessoas. Temos de esquecer-nos de nós mesmos a fim de voltar incessantemente a alma para Deus e abandoná-la serena e sossegadamente nEle.

Confiança em Deus

Quereria repreender-vos por terdes tão pouca confiança em Deus. Não se deve temê-lo: seria uma grande ofensa, pois Ele é bom, suave, amável, e transborda de ternura e misericórdia para conosco. Podeis apresentar-vos diante dEle cheio de confusão por culpa da vossa pobreza e maldade, mas é preciso que essa confusão seja a do filho pródigo depois do seu regresso, cheia de confiança e ternura. Sempre tendes receio de não amá-lo: caríssimo, nesses momentos provavelmente o amais mais do que nunca e Ele nunca estará mais perto de vós. Não meçais o vosso amor a Deus pela sensibilidade: é uma medida muito pequena. Abandonai-vos com toda a confiança nas suas mãos: o vosso amor crescerá continuamente, sem o perceberdes, o que aliás não é imprescindível.

Não deixeis que as vossas misérias vos aflijam

Não deixeis que as vossas misérias vos aflijam. À vista delas, permanecei humilhado diante de Deus e conservai uma grande paz. Enfrentai as vossas misérias, sejam quais forem, com a doçura, a paz, a suavidade e a moderação interior diante de Deus, abandonando-vos com simplicidade nos seus braços para que faça de vós tudo o que achar bem, desejando doce e sossegadamente não viver senão para Ele, com Ele e nEle.

Não vos preocupeis por uma aparente tibieza

Não vos deixeis abater nem desalentar se vos parece que não fazeis nada, que sois covarde e tíbio. Se vedes que ainda estais sujeito a reações temperamentais, a pensamentos de amor próprio e à tristeza, tratai simplesmente de esquecer todas essas coisas e dirigi a alma para Deus, apresentando-vos diante dEle com o desejo sossegado e contínuo de que faça de vós e em vós o que for do seu agrado. Procurai unicamente esquecer-vos de vós e caminhai diante dEle no meio da vossa pobreza, sem prestar demasiada atenção à vossa pessoa [...]. Enquanto vos inquietarem esses movimentos naturais, estareis ocupado em vós mesmo; e enquanto vos ocupardes de vós mesmo, não avançareis muito no caminho da perfeição. Esses movimentos só cessarão quando vos esquecerdes e vos desprezardes. Além disso, garanto-vos que não têm importância nem consequências. Troçai deles e não vejais senão a Deus, e isso por mera e simples fé.

Não vos inquieteis pelas vossas quedas

Esquecei sempre o passado e não vos preocupeis pelas vossas quedas, por numerosas que sejam: sempre que vos levanteis, não acontecerá nada, ao passo que aconteceria muito se vos entristecêsseis ou desanimásseis demasiado por causa delas. Fazei as coisas com toda a calma e tranquilidade possível, e pelo grandíssimo, puríssimo e santíssimo amor de Jesus e de Maria.

Paciência

Um dos maiores obstáculos que surgem no caminho da perfeição é o desejo precipitado e inquieto de progredir e chegar a possuir as virtudes que temos consciência de nos faltarem. Em contrapartida, o verdadeiro meio de progredir solidamente e a grandes passos consiste em sermos pacientes, ter calma e apaziguar essas inquietações [...]. Não vos antecipeis ao vosso guia, pois correreis o risco de desviar-vos e sair do caminho que vos traça, e, em vez de chegardes são e salvo, cair no precipício. Esse guia é o Espírito Santo. Com o pretexto de avançar com maior rapidez, o que fareis será antecipar-vos a Ele com o vosso trabalho e as vossas inquietações, com a vossa angústia e a vossa precipitação. E que acontecerá então? Correreis pelas bordas do caminho, onde o terreno é mais duro e escarpado, e, em vez de avançar, retrocedereis ou, pelo menos, perdereis tempo.

Deixar agir o Espírito de Deus

Quando aprouve a Deus criar o universo, trabalhou partindo do nada, e vede que coisas bonitas fez! De igual modo, se quer trabalhar em nós para realizar coisas infinitamente superiores a todas as belezas saídas das suas mãos, não é necessário que nos ponhamos em movimento para ajudá-lo [...]. Deixemo-lo agir; agrada-lhe trabalhar a partir do nada. Conservemo-nos serenos e tranquilos na sua presença e sigamos com simplicidade as indicações que nos faz [...]. Mantenhamos, pois, a nossa alma em paz e as nossas potências espirituais em repouso, esperando unicamente dEle a vida e o movimento. E procuremos não ter outro movimento, outra vontade ou outra vida que não seja em Deus e pelo Espírito de Deus [...]. Esquecei-vos de vós mesmo para orientar continuamente a alma para Deus e deixá-la suave e sossegadamente na sua presença.

Moderar os desejos

A maior ocupação da vossa alma há de ser moderar os seus impulsos e adquirir uma humilde submissão e abandono nas mãos de Deus. Podeis, e além disso é bom, ter desejos de avançar espiritualmente, mas esses desejos devem ser sossegados, humildes e submetidos à vontade de Deus. Um pobre que pede esmola impacientemente não obtém nada. Se a pede com humildade e modos suaves e afetuosos, comove as pessoas a quem pede. Os desejos demasiado intensos e impetuosos procedem da natureza; tudo o que procede da graça é humilde, sereno, toma posse da alma e a faz boa e obediente a Deus. O vosso principal empenho consistirá, pois, em moderar os movimentos da vossa alma e mantê-la sossegada diante de Deus, submissa e paciente na sua presença.

Desejais avançar no caminho da santidade. É Ele quem vos concede esse desejo e é também Ele quem deve realizá-lo. São Paulo diz que é Deus quem nos concede o querer e o agir. Na ordem da graça, não podemos nada por nós mesmos. O que nos cabe é ser fiéis à vontade de Deus, deixando-o realizar em nós o que considera bom. Afanar-se, apressar-se a executar os bons desejos que nos inspira é deitar a perder a graça em nós, retroceder na nossa perfeição. Não procuremos ser perfeitos imediatamente; cumpramos o que Deus nos pede com calma e com serena fidelidade. Se Lhe apraz dirigir a nossa barca mais lentamente do que é nosso desejo, submetamo-nos aos seus divinos desígnios.

Quando continuamos a ver em nós os mesmos defeitos, devemos manter-nos na nossa baixeza diante de Deus, abrir-lhe a nossa alma para que veja as nossas chagas e as cure quando e como lhe aprouver. Procuremos unicamente não seguir o impulso desses defeitos e, para isso, empreguemos um único meio: manter-nos humildemente prosternados diante dEle e, à vista da nossa pobreza e miséria, suportar os assaltos desses defeitos com calma, com paciência, firmemente decididos a ser inteiramente de Deus no meio dessas falhas e a suportá-las até o fim da vida, se essa é a Sua vontade. Sabei que, quando a nossa alma não as consente, não tem culpa, não ofende a Deus e, pelo contrário, tira delas um grande proveito para crescer interiormente.

Viver o momento presente

Sede dócil e flexível nas mãos de Deus. Bem sabeis o que é necessário para isso: manter-se em paz e completo sossego; nunca inquietar-se nem alterar-se por nada; esquecer o passado; viver como se o futuro não existisse; viver para Jesus Cristo no momento presente, ou melhor, viver como se não houvesse vida em vós, mas deixando Jesus Cristo viver em vós como lhe apraz.

Caminhai assim em qualquer circunstância e em qualquer ocasião, sem temor nem preocupação, como convém aos filhos de Jesus e Maria; nunca penseis voluntariamente em vós mesmo; abandonai em Cristo Jesus o cuidado da vossa alma. Ele no-la arrebatou, pertence-lhe. Ele cuidará dela, pois é o seu dono. Não temais o juízo de tão doce Dono. Afastai todo o temor e substituí esse sentimento pelo amor. O tempo deste exílio terá fim, e Jesus Cristo será nosso e nós dEle. Então cada uma das nossas tribulações será uma coroa de glória que depositaremos na cabeça de Jesus Cristo, para quem é toda a glória.

A nossa incapacidade não deve ser motivo de tristeza ou inquietação, mas de paz e alegria

A consciência da nossa incapacidade e da nossa nulidade há de ser para nós motivo de paz, convencidos de que é o próprio Deus quem quer pôr mãos à obra para levar a cabo em nós e conosco as grandes coisas a que nos destinou. Ele conhece melhor que nós a nossa pobreza e a nossa miséria. E se mesmo assim nos escolheu, não é porque nos quer fazer ver claramente que é Ele quem atua e não nós?

Mas, em minha opinião, há ainda outro motivo, bem maior, para termos paz e alegria: é o fato de a nossa extrema miséria e maldade nos fazer ver a necessidade absoluta que temos de recorrer sempre a Deus e de nos mantermos unidos a Ele em todos os momentos e circunstâncias da nossa vida. Dependemos dEle mais do que o corpo depende da alma. Pois bem! Por acaso o corpo sente-se incomodado por depender continuamente da alma e receber dela a vida e os movimentos? Pelo contrário, gloria-se disso e mostra-se agradecido, porque, graças a essa dependência, participa de uma vida muito mais nobre e elevada do que teria por si mesmo.

O mesmo acontece com a nossa dependência em relação a Deus, mas de um modo muito superior. Quanto mais dependemos dEle, mais grandeza, formosura e glória adquire a nossa alma, a tal ponto que podemos gloriar-nos audazmente das nossas fraquezas: quanto maiores forem, maior há de ser também a nossa alegria e felicidade, pois a nossa dependência de Deus se torna então mais necessária.

Portanto, querido filho, não vos inquieteis se vos sentis fraco; pelo contrário, regozijai-vos, porque Deus será a vossa força. Cuidai somente de ter a vossa alma voltada para Ele no meio da paz e do mais profundo abandono.

SÃO PIO DE PIETRELCINA
1887-1968
Religioso capuchinho estigmatizado.

A paz é a simplicidade de espírito, a serenidade da consciência, a tranquilidade da alma e o laço do amor. A paz é a ordem, a harmonia em cada um de nós, uma alegria constante que nasce do testemunho de uma boa consciência, a santa alegria de um coração no qual Deus reina. A paz é o caminho da perfeição ou, melhor, a perfeição encontra-se na paz. E o demónio, que sabe muito bem tudo isto, põe todo o seu esforço em fazer--nos perder a paz.

A alma não deve entristecer-se senão por um único motivo: a ofensa a Deus. Mas mesmo neste ponto devemos ser prudentes: devemos, sim, lamentar as nossas falhas, mas com uma dor paciente, confiando sempre na misericórdia divina. Fiquemos de sobreaviso diante de certos remorsos e censuras interiores, que provavelmente procedem do inimigo com o propósito de perturbar a nossa paz em Deus. Se essas censuras e remorsos nos humilham e nos tornam diligentes para fazer o bem, sem que percamos a confiança em Deus, tenhamos por certo que vêm de Deus; mas se nos envergonham e nos tornam medrosos, desconfiados, preguiçosos e lentos para fazer o bem, tenhamos por certo que vêm do demônio e afastemo-los, buscando o nosso refúgio na confiança em Deus[18].

---

(18) Extrato de uma carta traduzida pelo autor.

SÃO JOSEMARIA ESCRIVÁ
1902-1975
Sacerdote, fundador do Opus Dei.

Só Cristo pode dar a paz

A paz, que traz consigo a alegria, o mundo não a pode dar.

– Os homens estão sempre fazendo pazes, e andam sempre enredados em guerras, porque esqueceram o conselho de lutar por dentro, de recorrer ao auxílio de Deus, para que Ele vença, e assim consigam a paz no seu próprio eu, no seu próprio lar, na sociedade e no mundo.

– Se nos comportarmos deste modo, a alegria será tua e minha, porque é propriedade dos que vencem. E com a graça de Deus – que não perde batalhas – chamar-nos-emos vencedores, se formos humildes[19].

Alguns tentam construir a paz no mundo sem semear amor de Deus em seus corações, sem servir por amor de

---

(19) Josemaria Escrivá, *Forja*, 4ª ed., Quadrante, São Paulo, 2016, n. 102.

Deus as criaturas. Assim, como será possível realizar uma missão de paz? A paz de Cristo é a paz do reino de Cristo; e o reino de Nosso Senhor deve cimentar-se no desejo de santidade, na disposição humilde de receber a graça, numa esforçada ação de justiça, num derramamento divino de amor[20].

Eu tenho pensamentos de paz e não de aflição (Jer 29, 11), declarou Deus por boca do profeta Jeremias. A liturgia aplica essas palavras a Jesus, porque nEle se manifesta claramente que é assim que Deus nos ama. Não vem condenar-nos, não vem lançar-nos em rosto a nossa indigência ou a nossa mesquinhez: vem salvar-nos, perdoar-nos, desculpar-nos, trazer-nos a paz e a alegria. Se reconhecermos esta maravilhosa relação do Senhor com os seus filhos, os nossos corações mudarão necessariamente, e veremos abrir-se diante dos nossos olhos um panorama absolutamente novo, cheio de relevo, de profundidade e de luz[21].

Fontes da paz: abandono e aceitação rendida da Vontade de Deus

A aceitação rendida da Vontade de Deus traz necessariamente a alegria e a paz: a felicidade na Cruz. – En-

---

(20) Josemaria Escrivá, *É Cristo que passa*, 4ª ed., Quadrante, São Paulo, 2014, n. 182.
(21) *Idem*, n. 165.

tão se vê que o jugo de Cristo é suave e que o seu fardo não é pesado[22].

Paz, paz!, dizes-me. – A paz é... para os homens de «boa» vontade[23].

Esse abandono é precisamente a condição que te falta para não perderes, daqui por diante, a tua paz[24].

O *gaudium cum pace* – alegria e paz – é fruto certo e saboroso do abandono[25].

Quando te abandonares de verdade no Senhor, aprenderás a contentar-te com o que vier, e a não perder a serenidade, se as tarefas – apesar de teres posto todo o teu empenho e utilizado os meios oportunos – não correm a teu gosto... Porque terão «corrido» como convém a Deus que corram[26].

Vejo com meridiana clareza a fórmula, o segredo da felicidade terrena e eterna: não somente conformar--se com a Vontade de Deus, mas aderir, identificar-se, querer – numa palavra –, com um ato positivo da nossa vontade, a Vontade divina. – Este é o segredo infalível – insisto – da alegria e da paz[27].

---

(22) Josemaria Escrivá, *Caminho*, 11ª ed., Quadrante, São Paulo, 2016, n. 758.
(23) *Idem*, n. 759.
(24) *Idem*, n. 767.
(25) *Idem*, n. 768.
(26) Josemaria Escrivá, *Sulco*, 4ª ed., Quadrante, São Paulo, 2016, n. 860.
(27) Josemaria Escrivá, *Forja*, n. 1006.

A luta interior, condição para a paz

Escreves-me e copio: «A minha alegria e a minha paz... Nunca poderei ter verdadeira alegria se não tiver paz. E o que é a paz? A paz é algo de muito relacionado com a guerra. A paz é consequência da vitória. A paz exige de mim uma contínua luta. Sem luta, não poderei ter paz»[28].

A alegria é um bem cristão, que possuímos enquanto lutamos, porque é consequência da paz. A paz é fruto de se ter vencido a guerra, e a vida do homem sobre a terra – lemos na Escritura Santa – é luta[29].

«As folhas de palma – escreve Santo Agostinho – são símbolo de homenagem, porque significam vitória. O Senhor estava prestes a vencer, morrendo na Cruz; pelo sinal da Cruz, ia triunfar sobre o Diabo, o príncipe da morte»[30]. Cristo é a nossa paz porque venceu; e venceu porque lutou, no duro combate contra a maldade acumulada nos corações humanos.

Cristo, que é a nossa paz, é também o Caminho (Jo 14, 6). Se queremos a paz, temos que seguir os seus passos. A paz é consequência da guerra, da luta, dessa luta ascética, íntima, que cada cristão deve sustentar contra

---

(28) Josemaria Escrivá, *Caminho*, n. 308.
(29) Josemaria Escrivá, *Forja*, n. 105.
(30) Santo Agostinho, *In Ioannis Evangelium tractatus*, 51, 2; PL 35, 1764.

tudo o que em sua vida não for de Deus: contra a soberba, a sensualidade, o egoísmo, a superficialidade, a estreiteza de coração. É inútil clamar por sossego exterior se falta tranquilidade nas consciências, no fundo da alma, *porque do coração saem os maus pensamentos, os homicídios, os adultérios, as fornicações, os furtos, os falsos testemunhos, as blasfêmias* (Mt 15, 19)[31].

Humildade, outra fonte da paz

A humildade é outro bom caminho para chegar à paz interior. – Foi «Ele» que o disse: «Aprendei de mim, que sou manso e humilde de coração..., e encontrareis paz para as vossas almas»[32].

O convencimento do teu «material ruim» – o teu conhecimento próprio – dar-te-á uma reação sobrenatural que fará enraizar-se mais e mais na tua alma a alegria e a paz, perante a humilhação, o desprezo, a calúnia...

Depois de pronunciares o *fiat* – Senhor, o que Tu quiseres –, o teu raciocínio nesses casos deverá ser: «Só disse isso de mim? Vê-se que não me conhece; de outro modo, não teria ficado por aí».

Como estás convencido de que mereces pior trata-

---

(31) Josemaria Escrivá, *É Cristo que passa*, n. 73.
(32) Josemaria Escrivá, *Caminho*, n. 607.

mento, sentirás gratidão por aquela pessoa, e te alegrarás com o que faria sofrer qualquer outro[33].

Temos à nossa espreita um inimigo poderoso, que se opõe ao nosso desejo de encarnar com perfeição a doutrina de Cristo: a soberba, que cresce quando não procuramos descobrir, depois dos fracassos e das derrotas, a mão benfazeja e misericordiosa do Senhor. Então a alma enche-se de penumbras – de triste escuridão –, e julga-se perdida. E a imaginação inventa obstáculos que não são reais, que desapareceriam se os encarássemos simplesmente com um pouco de humildade. A soberba e a imaginação levam às vezes a alma a enveredar por tortuosos calvários; mas nesses calvários não se encontra Cristo, porque onde está o Senhor sempre se goza de paz e de alegria, ainda que a alma se sinta em carne viva e rodeada de trevas[34].

Obstáculos

Repele esses escrúpulos que te tiram a paz. – Não é de Deus o que rouba a paz da alma.

Quando Deus te visitar, hás de sentir a verdade daquelas saudações: «Dou-vos a paz..., deixo-vos a paz..., a paz seja convosco...» E isso, no meio da tribulação[35].

---

(33) Josemaria Escrivá, *Sulco*, n. 268.
(34) Josemaria Escrivá, *É Cristo que passa*, n. 77.
(35) Josemaria Escrivá, *Caminho*, n. 258.

A tristeza e a intranquilidade são proporcionais ao tempo perdido. – Quando sentires uma santa impaciência por aproveitar todos os minutos, hão de invadir-te a alegria e a paz, porque não pensarás em ti[36].

Como hás de ter paz, se te deixas arrastar – contrariando os «puxões» da graça – por essas paixões que nem sequer tentas dominar?[37]

Tanto a paz como a guerra estão dentro de nós. – Não se pode chegar ao triunfo, à paz, se faltam a lealdade e a decisão de vencer no combate[38].

Perdes a paz – bem o sabes, aliás! – quando consentes em pontos que trazem consigo o descaminho.
– Decide-te a ser coerente e responsável![39]

Continuas a ter desacertos e faltas, e doem-te! Ao mesmo tempo, caminhas com uma alegria que parece que te vai fazer explodir. Por isso, porque te doem – dor de amor –, os teus malogros já não te tiram a paz[40].

Fracassaste! – Nós nunca fracassamos. – Puseste por completo a tua confiança em Deus. Não omitiste, depois, nenhum meio humano.

---
(36) Josemaria Escrivá, *Sulco*, n. 510.
(37) *Idem*, n. 851.
(38) *Idem*, n. 852.
(39) Josemaria Escrivá, *Forja*, n. 166.
(40) Josemaria Escrivá, *Sulco*, n. 861.

Convence-te desta verdade: o teu êxito – agora e nisto – era fracassar. – Dá graças ao Senhor e... torna a começar![41]

Fracassaste? – Tu (estás bem convencido) não podes fracassar.

Não fracassaste; adquiriste experiência. – Para a frente![42]

Aquilo, sim, foi um fracasso, um desastre: porque perdeste o nosso espírito. – Já sabes que, com sentido sobrenatural, o final (vitória?, derrota? Ora!...) só tem um nome: êxito[43].

Meios

Um remédio contra essas tuas inquietações: ter paciência, retidão de intenção, e olhar as coisas com perspectiva sobrenatural[44].

A ordem dará harmonia à tua vida e te obterá a perseverança. A ordem proporcionará paz ao teu coração e gravidade à tua compostura[45].

---

(41) Josemaria Escrivá, *Caminho*, n. 404.
(42) *Idem*, n. 405.
(43) *Idem*, n. 406.
(44) Josemaria Escrivá, *Sulco*, n. 853.
(45) Josemaria Escrivá, *Forja*, n. 806.

Estás sofrendo uma grande tribulação? Tens contrariedades? – Diz, muito devagar, como que saboreando, esta oração forte e viril:

«Faça-se, cumpra-se, seja louvada e eternamente glorificada a justíssima e amabilíssima Vontade de Deus sobre todas as coisas. – Assim seja. – Assim seja.»

Eu te garanto que alcançarás a paz[46].

Um raciocínio que conduz à paz e que o Espírito Santo oferece pronto aos que querem a Vontade de Deus: *Dominus regit me, et nihil mihi deerit* – o Senhor é quem me governa; nada me faltará.

Que há que possa inquietar uma alma que repita seriamente essas palavras?[47]

Já viste como agradecem as crianças? – Imita-as dizendo, como elas, a Jesus, diante do favorável e diante do adverso: «Que bom que és! Que bom!...»

Esta frase, bem sentida, é caminho de infância, que te levará à paz, com peso e medida de risos e prantos, e sem peso e medida de Amor[48].

Fomenta, na tua alma e no teu coração – na tua inteligência e no teu querer –, o espírito de confiança e de

---

(46) Josemaria Escrivá, *Caminho*, n. 691.
(47) *Idem*, n. 760.
(48) *Idem*, n. 894.

abandono na amorosa Vontade do Pai celestial... – Daí nasce a paz interior por que anseias[49].

Ainda que tudo se afunde e se acabe, ainda que os acontecimentos ocorram ao contrário do previsto, e nos sejam tremendamente adversos, nada ganhamos perturbando-nos. Além disso, lembra-te da oração confiante do profeta: «O Senhor é nosso Juiz, o Senhor é nosso Legislador, o Senhor é nosso Rei; Ele é quem nos há de salvar». – Reza-a devotamente, todos os dias, para ajustares a tua conduta aos desígnios da Providência, que nos governa para nosso bem[50].

Tens de assomar muitas vezes a cabeça ao oratório, para dizer a Jesus: – Abandono-me nos teus braços.
– Deixa a seus pés o que tens: as tuas misérias!
– Deste modo, apesar da turbamulta de coisas que arrastas atrás de ti, nunca perderás a paz[51].

Agora que a Cruz é séria, de peso, Jesus arruma as coisas de tal modo que nos cumula de paz: faz-se nosso Cireneu, para que o fardo se torne leve.

Diz-Lhe, pois, cheio de confiança: – Senhor, que Cruz é esta? Uma Cruz sem cruz. De agora em diante, com a tua ajuda, conhecendo a fórmula para aban-

---

(49) Josemaria Escrivá, *Sulco*, n. 850.
(50) *Idem*, n. 855.
(51) Josemaria Escrivá, *Forja*, n. 306.

donar-me em Ti, serão sempre assim todas as minhas cruzes[52].

Une a tua dor – a Cruz exterior ou interior – à Vontade de Deus, por meio de um *fiat*! – faça-se – generoso, e te encherás de júbilo e de paz[53].

«A Igreja, unida a Cristo, nasce de um coração ferido»[54]. É desse Coração, aberto de par em par, que nos é transmitida a vida. Embora de passagem, como não recordar aqui os Sacramentos, através dos quais Deus opera em nós e nos faz participar da força redentora de Cristo? Como não recordar com particular agradecimento o Santíssimo Sacramento da Eucaristia, o Santo Sacrifício do Calvário e a sua constante renovação incruenta na nossa Missa? Jesus entrega-se a nós em alimento; Jesus Cristo vem até nós. E por isso tudo mudou, e no nosso ser se manifestam forças – a ajuda do Espírito Santo – que se apossam da nossa alma, que informam as nossas ações, o nosso modo de pensar e de sentir. O Coração de Cristo é paz para o cristão[55].

Santa Maria é – assim a invoca a Igreja – a Rainha da paz. Por isso, quando se conturba a tua alma, ou o ambiente familiar ou profissional, ou a convivência na

---

(52) *Idem*, n. 746.
(53) *Idem*, n. 771.
(54) Hino das vésperas da Festa do Sagrado Coração de Jesus.
(55) Josemaria Escrivá, *É Cristo que passa*, n. 169.

sociedade ou entre os povos, não cesses de aclamá-la com esse título: *Regina pacis, ora pro nobis!* – Rainha da paz, rogai por nós! Experimentaste fazê-lo, ao menos, quando perdes a tranquilidade?... – Ficarás surpreso com a sua eficácia imediata[56].

Semear a paz ao nosso redor

Um segredo. – Um segredo em voz alta: estas crises mundiais são crises de santos.

Deus quer um punhado de homens «seus» em cada atividade humana. – Depois... *pax Christi in regno Christi* – a paz de Cristo no reino de Cristo[57].

Característica evidente de um homem de Deus, de uma mulher de Deus, é a paz na sua alma; tem «a paz» e dá «a paz» às pessoas com quem convive[58].

Ignem veni mittere in terram, et quid volo nisi ut accendatur? Vim trazer fogo à terra, e que quero senão que arda? (Lc 12, 49)[59]. Agora que nos abeiramos um pouco do fogo do Amor de Deus, deixemos que o seu impulso mova as nossas vidas, sonhemos com a possi-

---

(56) Josemaria Escrivá, *Sulco*, n. 874.
(57) Josemaria Escrivá, *Caminho*, n. 301.
(58) Josemaria Escrivá, *Forja*, n. 649.
(59) Citação recolhida na antiga antífona *Ad magnificat* das Vésperas da festa do Sagrado Coração de Jesus.

bilidade de levar o *fogo divino* de um extremo ao outro do mundo, de o dar a conhecer aos que nos rodeiam, para que também eles conheçam a paz de Cristo e, com ela, encontrem a felicidade. Um cristão que viva unido ao Coração de Jesus não pode ter outras metas: a paz na sociedade, a paz na Igreja, a paz na sua própria alma, a paz de Deus, que se consumará quando vier a nós o seu reino.

Maria, *Regina Pacis*, Rainha da Paz, porque tiveste fé e acreditaste que se cumpriria o anúncio do Anjo, ajuda-nos a crescer na fé, a ser firmes na esperança, a aprofundar no Amor. Porque isso é o que hoje quer de nós o teu Filho, ao mostrar-nos o seu Sacratíssimo Coração[60].

---

(60) Josemaria Escrivá, *É Cristo que passa*, n. 170.

Direção geral
Renata Ferlin Sugai

Direção editorial
Hugo Langone

Produção editorial
Gabriela Haeitmann
Ronaldo Vasconcelos

Capa
Gabriela Haeitmann

Diagramação
Sérgio Ramalho

ESTE LIVRO ACABA DE SER IMPRESSO
EM ABRIL DE 2025,
EM PAPEL PÓLEN SOFT 70 g/m².